제4차 산업혁명 시대의 언어 연구

언어와 정보사회 학술 총서 **05**

제4차
산업혁명 시대의
언어 연구

김형민·황화상·송상헌·김한샘
홍정하·강병규·박민준·유덕근

역락

간행사

　언어는 자연물로 존재하는 동시에 역사성과 사회성도 띤다. 따라서 언어의 정체를 온전히 밝히려면 자연물로서의 언어를 탐구하는 과학적 자세와 더불어 역사적, 사회적 존재로서의 언어를 이해하기 위한 인문학적, 사회학적 자세도 필요하다. 이러한 관점에서 서강대학교 언어정보연구소는 인간의 언어를 이해하기 위해 다양한 학술 활동을 기획하여 실행해 오고 있다. "『언어와 정보사회』 학술 총서"는 등재 학술지 『언어와 정보사회』와 상호보완적이며, 특히 짧은 논문에 담기 어려운 긴 호흡과 깊은 통찰을 필요로 하는 연구에 초점을 맞춘다. 이 총서를 통해 지금까지의 연구가 노정하고 있는 한계를 넘어서 새로운 이해의 지평이 개척되길 희망한다.

서강대학교 언어정보연구소

'제4차 산업혁명'은 2016년 1월 20일~23일 스위스의 다보스(Davos)에서 열린 제46회 세계경제포럼(WEF: World Economic Forum)이 화두로 제시한 개념이다. 제4차 산업혁명은 20세기 후반 컴퓨터와 인터넷을 기반으로 지식정보혁명을 이룩한 제3차 산업혁명에서 한 단계 더 진화한 혁명을 일컫는다. 제4차 산업혁명은 인공지능(AI: Artificial Intelligence), 사물인터넷(IoT: Internet of Things), 클라우드(Cloud) 등 정보통신기술(ICT: Information and Communication Technology)을 통해 인간과 인간, 인간과 사물, 사물과 사물을 상호연결하고, 빅데이터와 인공지능으로 더욱 지능화된 사회로의 변화를 추구한다. 이와 같은 사회 변화는 인문학과 공학 기술을 조화시키려는 시대적 요구이자 시대적 필요의 산물로 해석할 수 있다.

제4차 산업혁명 시대의 언어 연구는 오늘날의 시대정신에 부합하기 위해 기존의 이론언어학과 공학을 융합한 '디지털 언어 연구'일 것이다. 디지털 언어 연구는 인간과 기계와의 상호작용으로 인간 언어의 데이터를 기술하고 분석하며 설명한다. 이를 통해 언어 연구가 인공지능, 언어공학, 언어정보학 등의 진일보에 도움을 준다. 제4차 산업혁명 시대의 언어 연구는 전통적인 이론언어학을 등한시하지 않는다. 제4차 산업혁명 시대의 언어 연구는 이론언어학의 기반 위에서 응용언어학의 융합을 타진하므로, 이론언어학의 도움과 발전 없이는 불가능하다. '언어 연구'+'공학'의 융합은 순수 학문 분야를 넘어 산업계의 발전에도 일조할 것이다. 제4차 산업혁명 시대의 언어학은 인문학의 지평을 확장하는 것을 넘어, 산업계의 성장과 더 나은 인간의 미래 삶에 이바지할 것이다.

서강대학교 언어정보연구소의 '언어와 정보사회 학술 총서 5'는 제4차 산업혁명 시대의 언어 연구가 나아가야 할 방향성을 제시하기 위한 노력의 일환으로 기획되었다. 물론 이와 같은 노력은 학문의 시대적 흐름에 발맞춰 앞으로도 지속적으로 행해질 것이고 행해져야 할 것이다. 이런 의미에서 서강대학교 언어정보연구소의 학문적 노력은 '진행형'이다. 여기저기 흩어져 있는 작은 꿈을 모아 희망을 만들 수 있듯이, 여기저기 흩어져 있는 작은 노력을 모아 소기의 목적에 도달할 수 있기를 기대해 본다.

2022년 4월 20일
서강대학교 언어정보연구소 소장 김형민

차례

Über die Besonderheiten des Parsings in verschiedenen linguistischen Theorien

Kim, Hyeong Min

1. Einführende Überlegungen

Unter den von anderen Wissenschaftsdisziplinen mehr oder weniger beeinflussten jüngeren sprachwissenschaftlichen Ansätzen ruft die von Noam Chomsky(1928–) definierte, begründete und klar antibehavioristische Generative Grammatik einen revolutionären Erkenntniswechsel in den linguistischen Forschungen hervor. Seine Sprachkonzeptionen, die als "Paradigmenwechsel"[1] in der Geschichte der Linguistik im Sinne des

---

[1] Unter "Paradigmata" versteht Thomas S. Kuhn "allgemein anerkannte wissenschaftliche Leistungen, die für eine gewisse Zeit einer Gemeinschaft von Fachleuten maßgebende Probleme und Lösungen liefern"(Kuhn 1991:10). Daher bedeutet ein Paradigmenwechsel, d.h. ein Übergang von einem Paradigma zum anderen, eine auf neuen theoretischen Grundlagen beruhende "wissenschaftliche Revolution"(Ibid.:103) gegenüber der "normal-wissenschaftlichen Traditon"(Ibid.:124). Dabei stellt 'die normal-wissenschaftliche Tradition' die bestehende wissenschaftliche Erkenntnis dar. Die Grundthese von Kuhn ist, dass "die Wissenschaftsentwicklung nicht als kontinuierliche Anhäufung immer größerer

amerikanischen Wissenschaftshistorikers und -theoretikers Thomas S. Kuhn(1922-1996) anzusehen sind, überwinden eine Reihe von Grenzen der behavioristischen sprachwissenschaftlichen Untersuchung, welche die beobachtbare sprachliche Äußerung *per se* nur durch das Reiz-Reaktion-Modell, auch oft Stimulus- Response-Modell genannt, ohne Berücksichtigung der mentalen Sprachstrukturen und -prozesse erklärt hat. Die Chomskyschen Sprachkonzeptionen veranlassen die Sprachforschung zur Analyse und Beschreibung der mentalen Repräsentationen als Konstituenten unserer Sprachfähigkeit. Die Entstehung dieser mentalistischen Sprachtheorie wird als "die kognitive Wende in der Sprachwissenschaft"(Haider 1997:179) bezeichnet. Chomsky(1980:4) selbst sieht die Linguistik als denjenigen Teil der Psychologie an, der sich auf eine spezifische kognitive Domäne und ein spezifisches geistiges Vermögen, nämlich auf das Sprachvermögen, konzentriert. Die Verschiebung des Forschungsfokus von der Sprache an sich zu dem Sprachwissen des Muttersprachlers ist für Chomsky eines der wichtigsten theoretischen Merkmale. Dabei wird vorausgesetzt, dass die Grammatik als ein Reflex der Sprachkompetenz eine Repräsentation der im Geist der Muttersprachler internalisierten Sprachkenntnis darstellt(vgl. Haegeman 1994:7).

Wie auch Bierwisch(1987:646) kurzgefasst gezeigt hat, arbeitet die Linguistik als kognitive Wissenschaft konzentriert an dreierlei Fragestellungen:[2]

Menge von Wissen zu betrachten sei, sondern dass es in der Wissenschaftsgeschichte immer wieder radikale Brüche (>Paradigmenwechsel<) gebe" (Brockhaus Enzyklopädie 1990, Bd. 12:573). Zusammenfassendes zu Kuhns Hypothesen, vgl. Helbig 1986:15-18.

(1) Was ist Sprachkenntnis?

(2) Wie wird Sprachkenntnis erworben?

(3) Wie wird Sprachkenntnis wirksam?

Die erste Fragestellung hat mit unserem abstrakten Sprachwissen zu tun, die zweite hängt mit dem Spracherwerb der Kinder zusammen und die letzte bezieht sich auf die Sprachverarbeitung unseres Gehirns, die ihrerseits wiederum in Sprachverstehen(bzw. Sprachrezeption) und Sprachproduktion unterteilt werden kann. Selbstverständlich lässt sich auch die kognitiv orientierte Forschung der Sprachverarbeitung auf verschiedenen Sprachebenen beobachten. In der vorliegenden Arbeit wird aber *in puncto* syntaktischer Sprachrezeption der Begriff 'Parsing' zur Sprache gebracht, der im engen Zusammenhang mit der Frage steht, wie die Sprachrezeption des Satzes zu konzeptualisieren ist. Diese Arbeit zielt darauf ab, die Bestimmungen der Parsingseigenschaften in verschiedenen linguistischen Theorien zu vergleichen.

2. Was ist Parsing?

Laut einer Reihe von Definitionen der linguistischen Lexika kann der Begriff des Parsings selbst relativ einfach als *Satzzerlegung*, *Satzstrukturanalyse* oder *syntaktische Analyse des Satzes* aufgefasst werden. Im fachterminologischen

---

2　Diese sind ursprünglich Chomskysche Fragestellungen.

Sinne hat er also hauptsächlich viel mit der syntaktischen Ebene der menschlich-natürlichen Sprache(n) zu tun.

Wenn beim Sprachverstehen die in unser Gehirn hereinkommende Information stets durch das syntaktische Parsing nach ihren Konstituenten automatisch und sequenziell klassifiziert, verarbeitet und verstanden werden könnte, dann gäbe es keine Varietät und Ambiguität der Sätze in natürlichen Sprachen und man würde konsequenterweise beim Sprachverstehen auf keine Ambiguität stoßen. Das ist aber nicht immer so. Die Schwierigkeiten und Komplexitäten des syntaktischen Parsings bestehen daher in der Analyse der varianten Struktur des Satzes und der dadurch verursachten syntaktisch mehrdeutigen Stellen(vgl. Reisberg 1997:381f.). Wegen dieser Ambiguitäten in der Satzstruktur ist der Prozess des Parsings nicht immer so einfach. Indem die syntaktische Ambiguität aber ein Mittel zur Untersuchung der allgemeinen Eigenschaften des menschlichen Parsingsystems beibringt, ermöglicht sie uns, das direkt nicht beobachtbare Kognitionssystem in Bezug auf die Satzverarbeitung einigermaßen zu ermitteln. Dies sei an die folgenden Fragen gebunden:

(1) Wann und Warum tritt die syntaktische Ambiguität auf?

(2) Wann und wie werden verschiedene Aspekte der syntaktischen Strukturen benutzt, um diese Ambiguität aufzulösen?

(3) Warum ist eine bestimmte Lesart der anderen vorzuziehen, wenn mehr als eine Interpretationslesart möglich ist?

(4) In welcher Weise bzw. durch welche Strategie(n) läuft dabei das Parsing ab?

Diesbezüglich – vor allem im Hinblick auf die Auflösung der Ambiguität und die Bevorzugung einer Interpretationslesart gegenüber den anderen bei der Satzrezeption – sollen die Strategien des Parsings näher behandelt werden.

Je nach den hauptsächlichen Interessen und theoretischen Ansätzen der linguistischen Disziplinen ist das Parsing als syntaktische Analyse von Sätzen mehr oder weniger unterschiedlich zu begreifen, obwohl sich die Kardinalpunkte ähneln. Dies wird im Folgenden detailliert erklärt.

2.1. Parsingseigenschaften in traditionellen Grammatiken

Der Terminus *Parsing* wird vom Lateinischen *pars orationis*(engl. 'part of speech', dt. 'Redeteil' bzw. 'Wortklasse') abgeleitet(vgl. Karttunen & Zwicky 1985:1). Im traditionellen Sinne wird er insofern benutzt, als man jedes aus einem lateinischen/altgriechischen Satz bestehende Wort nimmt, diesem eine bestimmte Wortart zuweist, seine grammatische Kategorie spezifiziert und die syntaktischen Relationen zwischen Wörtern in einer Wortgruppe (oder Phrase) bzw. zwischen grammatisch zusammengehörigen Wortgruppen identifiziert. Die Aufgabe dieser grammatischen Analyse liegt also darin, die Glieder der Konstruktion(bzw. eines Satzes), *partes orationis*, zu ermitteln und zu zeigen, wie sich diese zu größeren Einheiten zusammenfügen. Eine derartige grammatische Analyse spielt jedoch heute noch nicht nur für den Unterricht der klassischen Sprachen, sondern auch für den Unterricht der anderen Fremdsprachen eine wesentlichen Rolle(vgl.

Dietrich & Klein 1974:61). Vereinfacht gesagt, im Bereich der Sprachdidaktik ist sie nach wie vor sehr wichtig und unerläßlich. Daher weist das Parsing im traditionellen Sinne Gemeinsamkeiten mit dem Bottom-Up-Parsing auf. Da es ehemals beim Parsing vornehmlich um eine grammatische Zergliederung des Satzes in den klassischen Sprachen ging, lassen sich 8 Eigenschaften des Parsings in der abendländischen grammatischen Tradition kurz und bündig wie folgt beschreiben(vgl. Karttunen & Zwicky 1985:1f.):

(1) Parsing is done by human beings, rather than by physical machines or abstract machines.

(2) What is parsed is a bit of natural language, rather than a bit of some languagelike symbolic system.

(3) The analysis itself is a bit of natural language, rather than a bit of some languagelike system.

(4) Parsing is heuristic rather than algorithmic.

(5) It is learned by certain people and not 'given' within a society.

(6) Parsing is overt rather than covert.

(7) The function of parsing is pedagogical.

(8) The analysis concerns grammatical rather than logical properties.

Selbst wenn diese Merkmale des Parsings teilweise in der moderneren Sprachforschung, besonders jedoch in der 2. Hälfte des 20. Jahrhundertes modifiziert worden sind, bleiben die dafür charakteristischen Kernpunkte weiterhin erhalten:

'Parsing' is the term used to describe the process of automatically building syntactic analysis of a sentence in terms of a given grammar and lexicon. (Pulman 1994:2947)[3]

In diesem Zusammenhang unterscheidet sich das syntaktische Parsing von Interpretation(oder konzeptueller Analyse), die als ein Integrationsprozess der von den Konstituenten eines Satzes übermittelten Information und der strukturellen Dependenz zwischen Konstituenten in die interne Repräsentation der Äußerung anzusehen ist. Das Parsing im strengen Sinne besteht also aus der Zuweisung der grammatischen Kategorien und strukturellen Relationen an die Konstituenten eines Satzes, unabhängig davon, welche Bedeutung der ganze Satz (bzw. die ganze Äußerung) hat(vgl. Altmann 1989:1, 1994: 2943).

Zusammenfassend sind die Parsingseigenschaften in traditionellen Grammatiken folgendermaßen zu erörtern: (i) menschlich, (ii) natursprachlich, (iii) heuristisch, (iv) individuell, (v) offenkundig, (vi) pädagogisch, (vii) rein syntaktisch.

---

3   Pulman(1992:158) definiert das Parsing auch als "the process of assigning to a sequence of words or morphemes a (possibly empty) set of syntactic structural descriptions" unter der Präsupposition einer gegebenen Grammatik und eines Lexikons, was der traditionellen Definition des Parsings näher kommt.

2.2. Parsingseigenschaften in formalen Grammatiken

Unter formalen Grammatiken versteht man hier diejenigen, die kraft einer endlichen, nichtleeren Menge von Regeln potentiell unendlich erzeugbare Sätze einer natürlichen Sprache charakterisieren bzw. beschreiben wollen, wobei unbegrenzt viele produzierbare Sätze selbstverständlich aus einer endlichen, nichtleeren Menge von Wörtern bestehen. Dazu können vor allem Kategorialgrammatik, Dependenzgrammatik, Phrasenstrukturgrammatiken, Generative Grammatiken im engeren Sinne, Unifikationsgrammatik etc. zählen.

Bei dem Parsing traditioneller Grammatiken handelt es sich ausschließlich um die Analyse der real gesprochenen bzw. geschriebenen Sätze selbst, während im Rahmen der formalen Grammatiken darüber hinaus auch abstrakt formalisierte grammatische Deskriptionen aller in der betreffenden Sprache möglichen wohlgeformten Sätze im Vordergrund stehen. Mit anderen Worten, das Parsing in formalen Grammatiken ist eine von einem finiten abstrakten Regelapparat ausgeführte Operation mit entweder Repräsentation von Sätzen oder wirklich realisierten Sätzen in einer natürlichen Sprache und ergibt eine formale Repräsentation von Satzstrukturen. Dadurch bietet sich die Möglichkeit an, die einzelnen und vielleicht unsystematischen Beschreibungen wie im Parsing im traditionellen Sinne präzis und systematisch zu erfassen. Für eine solche Formalisierung wird der deskriptive und technische Aspekt der Grammatikbeschreibung nachdrücklich unterstrichen. Außerdem beweist sich das Parsingsverfahren als algorithmisch, nicht als heuristisch. Dabei spielt eine maßgebliche Rolle der aus der Mathematik stammende Begriff Algorithmus, der eigentlich definiert ist "als eine eindeutig formulierte, aufeinanderfolgend bzw. prozedural ablaufende Vorschrift, nach der Inhalt und Aufeinanderfolge der Operationen zur Überführung von Anfangsdaten in das gesuchte Ergebnis bestimmt werden."(Schweizer 1967:157)[4] In formalen Grammatiken wird also versucht, eine unübersehbare Zahl von Sätzen der natürlichen Sprache(n) durch ein gegebenes abstraktes Regelsystem mit "einem endlichen Vorrat von elementaren Verarbeitungsschritten"(Krieg-Brückner 1996:21) algorithmisch abzuarbeiten. In der Arbeit von Karttunen und Zwicky(1985:4) werden 4 Eigenschaften des Parsing in formalen Grammatiken herausgestellt und das 5. Merkmal wurde von uns hinzugefügt.

(1) Parsing is an operation performed by an abstract device,

(2) on (representations of) sentences in a natural language,

(3) resulting in a formal representation of sentence structure;

(4) this operation is algorithmic.

(5) Parsing is descriptive and technical rather than prescriptive and discursive.

Die Parsingseigenschaften in formalen Grammatiken lassen sich wie folgt

---

4   Von Aleksandr Ja. Lerner(1967:157) wurde diese Definition formuliert, die hier aus Schweizer(1979:57) rezitiert wird. Vgl. Lerner, Aleksandr Ja.(1967): Grundzüge der Kybernetik; russ. Orig. Moskau; dt. Übers. Berlin(DDR) 1970, Lizenzausgabe Basel, Braunschweig 1971.

feststellen: (i) operational, (ii) abstraktiv, (iii) natursprachlich, (iv) algorithmisch, (v) deskriptiv, (vi) technisch.

2.3. Parsingseigenschaften in der Computerlinguistik

Auf der epistemologischen bzw. erkenntnistheoretischen Perspektive beruhend lässt sich die *Computerlinguistik*, oft auch *linguistische Datenverarbeitung*, *automatische Sprachbearbeitung* usw. genannt, als "ein interdisziplinäres Wissensgebiet zwischen Linguistik und Informatik"(Bátori 1989:1) auffassen. Der neuere wissenschaftliche Forschungsbereich beschäftigt sich hauptsächlich mit der Beschreibung und Nachbildung natursprachlicher Strukturen und Prozesse "auf der Grundlage von Prinzipien, die aus der formalen Rekonstruktion des Verstehens und Produzierens von Sprache abgeleitet werden"(Hahn 1996:89f.). Dabei wird eine elektronische Datenverarbeitungsanlage, nämlich ein Computer, als Modell für die Simulation menschlicher Sprachverarbeitung eingesetzt. Computerlinguisten versuchen so, Eigenschaften und Gebrauchsweisen der menschlichen, natürlichen Sprache auf den Computern abzubilden, aufzubauen und zu bearbeiten, um die Maschinen zu intelligenten Werkzeugen zu machen(vgl. Schmitz 1992:15, 22).

Im Unterschied zu den syntaktischen Untersuchungen in sozusagen genereller Linguistik, die sich strukturellen Regularitäten der natürlichen Sprache(n) hingeben, werden syntaktische Theorien innerhalb der Computerlinguistik öfters, wenn auch nicht immer, "within larger systems for language processing"(Ramsay 1989:205) entwickelt. Dadurch ist im

Rahmen der Computerlinguistik eine strenge Trennung zwischen Syntax und Semantik häufig nicht gegeben, obwohl die einzelnen Sprachebenen gesondert beschrieben werden können.

Damit wir mit Hilfe von Computern eine automatische syntaktische Analyse einer gegebenen Äußerung durchführen können, ist es notwendig, eine zugrundeliegende Grammatik oder Grammatikteile in formaler, der Maschine zugänglicher Weise zu programmieren(vgl. Bünting & Krallmann 1974:444f.). D.h. zum Parsing muss man über "grammatische Spezifikationssprachen, mit denen sich grammatisches Wissen maschinengerecht darstellen lässt" (Schmitz 1992:27), verfügen. Auf Basis dieser Programmierung kann die datenverarbeitende Maschine, die über einen bestimmten zugrundeliegenden Algorithmus verfügt, die betreffenden Äußerungen als korrekte oder abweichende Sätze klassifizieren und ihnen syntaktische Strukturen zuweisen.

Zusammenfassend ist das Parsing, welches einer der zentralsten computerlinguistischen Forschungsgegenstände ist, folgendermaßen zu charakterisieren(vgl. Karttunen & Zwicky 1985:7):

(1) Parsing is an operation performed by a computer as information processing machine.

(2) on input of sentence (or, strictly speaking, utterances) in a natural language,

(3) with a particular machine-driven programme of a underlying grammar or parts of the grammar,

(4) resulting in automatic syntactic analysis in machine states (or, exactly

speaking, in symbolic states);

(5) this operation is realized by the algorithm.

Im Rahmen der Computerlinguistik können folgende Parsingseigenschaften festgestellt werden: (i) operational, (ii) maschinengerecht, (iii) nachahmend, (iv) programmierend oder datenverarbeitend, (v) automatisch, (vi) algorithmisch.

2.4. Parsingseigenschaften in der Künstlichen Intelligenz

Die eigentlich der Informatik entspringende technische Fachrichtung Künstliche Intelligenz[5] lässt sich folgendermaßen beschreiben

(1) "the science of making machines do things that would require intelligence if done by men"(Minsky 1968:V);

(2) "the part of computer science concerned with designing intelligent computer systems, that is, systems that exhibit the characteristics we associate with intelligence in human behavior"(Barr & Feigenbaum 1981:3);

(3) "the study of ideas that enable computers to be intelligent"(Winston 1984:1);

---

5 Die Bezeichnung *Künstliche Intelligenz* ist die Wort-für-Wort-Lehnübersetzung des englischen Begriffs *artificial intelligence*, der zum ersten Mal im Jahre 1956 bei einer Konferenz zu diesem Fachbereich in Dartmouth, New Hampshire, offiziell gebraucht wurde. Der englische Terminus wurde vermutlich von John McCarthy geprägt, der mit M. Minsky, N. Rochester, C. Shannon und anderen ein Initiator der Konferenz war (vgl. Wulz/Zifonun 1979:38, Anm. 1).

(4) "the study of mental faculties through the use of computational models" which "is concerned with the general behavior that goes along with intelligence"(Charniak & McDermott 1985:6, 7);

(5) Beschäftigung damit, "Computerprogramme zu entwickeln, um Computer intelligent zu machen"(Gevarter 1987:3);

(6) "alle die Leistungen symbolverarbeitender Maschinen, die man auch intelligent nennen würde, wenn ein Mensch sie ausführte"(Schmitz 1992: 24) u.a.m.

Künstliche Intelligenz ist also "das Forschungs- und Wissensgebiet, das den Computer als Modell für die Charakterisierung kognitiver Prozesse und als Medium für deren Synthetisierung einsetzt"(Freksa 1996:344). In diesem Zusammenhang steht die Künstliche Intelligenz in sehr enger Beziehung mit derjenigen Kognitiven Wissenschaft, die sich damit befasst, "menschliches Verhalten am Computer zu simulieren, um daraus Rückschlüsse zu ziehen, wie kognitive Prozesse beim Menschen ablaufen könnten"(Steinacker 1984:17). Darin findet man eine Abgrenzung der Künstlichen Intelligenz zur Linguistik (oder Computerlinguistik). Die sprachwissenschaftlichen Erkenntnisinteressen "beziehen sich lediglich auf die sprachliche Abbildung, auf die sprachinternen Abbildungsmechanismen und auf die Oberfläche der kognitven Repräsentation" (Bátori 1989:4), während für die Künstliche Intelligenz "die Entwicklung von Formalismen für die Wissensrepräsentation sowie von Inferenzverfahren, heuristischen Suchverfahren und Planungsmethoden, die auf dem repräsentierten Wissen operieren"(Freksa 1996:346), einen zentralen Platz der

Forschung einnimmt.

Die sprachorientierte Künstliche-Intelligenz-Forschung zielt jedoch auf explizite Formalisierung von Modellen zu den menschlichen Sprachverarbeitungsprozesse und Realisierung dieser Modelle durch Computersysteme zur Verarbeitung natürlicher Sprache ab, wobei die Forschung von der Grundannahme ausgeht, dass Kognitive Prozesse informationsverarbeitende und zugleich wissensbasierte Prozesse seien(vgl. Habel 1985:442). Mit anderen Worten, ein wesentlicher Ansatzpunkt der sprachorientierten Forschung der Künstlichen Intelligenz ist es also, "die Sprache als ein auf Wissensbasis gestütztes System zur Kommunikationsverarbeitung zu konzipieren und diesen Prozess mit Hilfe von Computerprogrammen zu modellieren"(Gevarter 1987:117).

Indem die sprachorientierte Forschung der Künstlichen Intelligenz ein besonderes Gewicht auf das Verstehen und die Interpretation natürlicher Sprache durch Computer legt, wird die syntaktische Analyse des eingegebenen Satzes im Gegensatz zu dem Parsing in der Computerlinguistik und in formalen Grammatiken primär in heuristischer und strategischer Weise durchgeführt. Beruhend auf der technischen Annäherung der intelligenten Maschine zu natürlicher Sprache kann aber die Operation auch algorithmisch vollzogen werden. Daraus lässt sich das Parsing in der Künstlichen Intelligenz wie folgt charakterisieren, wie es Karttunen und Zwicky(1985:7) schon beschrieben haben.

(1) Parsing is an operation performed by a computer (including both software and hardware),

(2) on (representations of) sentences in a natural language,

(3) resulting in successive (partial) groupings of symbols into larger units of particular types, and the interpretation of these groups as changes in machine states;

(4) this operation may be either algorithmic or heuristic.

Im Bereich der Künstlichen Intelligenz können wir die Parsingseigenschaften wie folgt beschreiben: (i) strategisch, (ii) natursprachlich, (iii) maschinengerecht, (iv) automatisch, (v) algorithmisch, (vi) heuristisch.

2.5. Parsingseigenschaften in der Psycholinguistik

Als interdisziplinäres Forschungsgebiet an der "Nahtstelle zwischen Linguistik und Psychologie"(Linke et al. 1994:329) forscht die Psycholinguistik primär und hauptsächlich den "general, intraindividual aspects of the human language faculty in language processing in real time"(Weissenborn & Schriefers 1987:470) nach. Das Untersuchungsfeld handelt auch von der individuellen Sprachentwicklung, und zwar von der Akquistition einer Erstsprache(oder Muttersprache), einer Zweitsprache und einer Fremdsprache im Sinne von sprachlicher Ontogenese. Die Psycholinguistik, welche das den menschlichen Sprachgebrauch ermöglichende mentale System untersucht(vgl. Dijkstra & Kempen 1993:17), gruppiert sich ergo zumeist um die drei Hauptteilbereiche, die miteinander theoretisch zu eng zusammengehören, als dass sie ohne weiteres getrennt erforscht werden könnten:

(1) Forschung des Spracherwerbs(engl. *language acquisition*);

(2) Forschung des Sprachverstehens(engl. *language comprehension*);

(3) Forschung der Sprachproduktion(engl. *language production*).

Was unser Thema betrifft, wird das Hauptaugenmerk auf den Aspekt des Sprachverstehens gerichtet. Es gibt eine Reihe von psycholinguistischen Arbeiten, die bestätigt haben, dass der Interpretationsprozess eines Satzes bereits im Verlauf syntaktischer Analyse vorgenommen wird. Dazu gehört beispielsweise ein von Tyler und Marslen-Wilson(1977) angestelltes bekanntes Experiment, das durch die Messung der Geschwindigkeit des Interpretationsprozesses einen On-Line-Effekt vom verhergehenden semantischen Kontext auf die syntaktische Bearbeitung gezeigt hat. Daher haben sie statt eines "independent model of sentence processing" ein "on-line interactive model of sentence processing" vorgeschlagen.

Es bleibt noch unklar, wann die Interaktion zwischen der strukturellen Identifikation von Konstituenten der sprachlichen Äußerung und der semantischen und/oder kontextuellen Interpretation durchgeführt wird. Wir schließen uns jedoch nicht der Ansicht an, dass der menschliche Parser eine syntaktische Analyse vollständig abschließen müsste, bevor er anfängt, die betreffende sprachliche Äußerung zu interpretieren. Wie in dem Fall des Parsings im traditionellen Sinne und (mindestens partiell) in der Künstlichen Intelligenz vollbringt innerhalb der Psycholinguistik der menschliche Parser, nämlich jeder Muttersprachler, auch seine Aufgabe nicht algorithmisch bzw. automatisch, sondern heuristisch bzw. strategisch, so dass seine Misslingen bzw. Schwierigkeiten in einigen Fällen nicht ausgeschlossen sind. Karttunen und Zwicky(1985:9) haben die folgenden Charakteristika des Parsings in der Psycholinguistik zusammengefasst:

(1) Parsing is an operation that human beings perform,

(2) on bits of natural language (sentences and discourses, sometimes in spoke form, sometimes in written form),

(3) resulting in mental representations of (aspects of) the syntactic structure associated with these bits, and their interpretation as alternations in other mental representations;

(4) this operation is heuristic (on occasion, it can fail to assign structures or interpretations, or assign the wrong ones),

(5) acquired without specific training or explicit practice, and possessed in some form by everyone in a society,

(6) and used tacitly, rather than with conscious awareness.

In der Psycholinguistik sind die folgenden Parsingseigenschaften zu identifizieren: (i) strategisch, (ii) natursprachlich, (iii) menschlich, (iv) mentalistisch, (v) heuristisch, (vi) implizit.

3. Schlussbemerkung

Das Sprachverstehen ist "ein komplexer und konstruktiver Prozess"

(Schwarz 1992:163), in dem strukturelles oder mentales Kenntnissystem und prozedurales oder verarbeitendes System zusammenwirken. Um einen gegebenen linguistischen–akustischen oder visuellen–Input zu verstehen, ist es *eo ipso* notwendig, die Eingabe perzipieren, erkennen, analysieren und dann unter Berücksichtigung verschiedener an dem Sprachverstehen beteiligten Faktoren als eine Einheit synthetisieren zu können.

Hinsichtlich des Sprachverstehens wurde in dieser Arbeit unsere Aufmerksamkeit auf die Parsingseigenschaften in verschiedenen linguistischen Theorien gerichtet:

verschiedene linguistische Theorien	Parsingseigenschaften
traditionelle Grammatiken	menschlich, natursprachlich, heuristisch, individuell, offenkundig, pädagogisch, rein syntaktisch
formale Grammatiken	operational, abstraktiv, natursprachlich, algorithmisch, deskriptiv, technisch
Computerlinguistik	operational, maschinengerecht, nachahmend, programmierend oder datenverarbeitend, automatisch, algorithmisch
Künstliche Intelligenz	strategisch, natursprachlich, maschinengerecht, automatisch, algorithmisch, heuristisch
Psycholinguistik	strategisch, natursprachlich, menschlich, mentalistisch, heuristisch, implizit

Literatur

Altmann, Gerry T. M.(1989), "Parsing and interpretation: An introduction," In: Altmann, Gerry T. M.(Ed.), *Parsing and Interpretation*, Hove, 1-19.

Altmann, Gerry T. M.(1994), "Parsing: Psycholinguistics," In: Asher, R. E. & Simpson, J. M. Y.(Eds.), *The Encyclopedia of Language and Linguistics*, New York & Seoul & Tokyo & Oxford, 2943-2947.

Barr, Avron & Feigenbaum, Edward A.(Eds.)(1981), *The Handbook of Artificial Intelligenc*, Vol. I, Stanford.

Bátori, István S.(1989), "Die allgemeine Entwicklung der Computerlinguistik," In: Bátori, István S. & Lenders, Winfred & Putschke, Wolfgang(Hrsg.), *Computerlinguistik. Ein internationales Handbuch zur computergestützten Sprachforschung und ihrer Anwendung*, New York & Berlin, 1-14.

Bierwisch, Manfred(1987), "Psycholinguistik: Interdependenz kognitiver Prozesse und linguistischer Strukturen. Mit 8 Abbildungen," *Zeitschrift für Psychologie* 183, 1-52.

Brockhaus Enzyklopädie(1990), Bd. 12. 19., völlig neubearbeitete Auflage, Mannheim.

Bünting, Karl-Dieter & Krallmann, Dieter(1974), "Linguistische Datenverarbeitung," In: Arnold, Heinz Ludwig & Sinemus, Volker(Hrsg.), *Grundzüge der Literatur- und Sprachwissenschaft*. Bd. 2: *Sprachwissenschaft*, In Zusammenarbeit mit Rolf Dietrich und Siegfried Kanngießer, München, 443-464.

Charniak, Eugene & McDermott, Drew(1985), *Introduction to Artificial Intelligence*, Reading(Mass.) etc.

Chomsky, Noam(1980), *Rules and Representations*, Oxford.

Dietrich, Rainer & Klein, Wolfgang(1974), *Computerlinguistik. Eine Einführung*, Berlin & Köln & Mainz & Stuttgart.

Dijkstra, Ton & Kempen, Gerand(1993), *Einführung in die Psycholinguistik*, Aus dem Niederländischen übersetzt von Yves H.W. Fuchs, Göttingen, Toronto, Seattle, Bern.

Freksa, Christian(1996), "Künstliche Intelligenz," In: Strube, Gerhard(Hrsg.), *Wörterbuch der Kognitionswissenschaft*, Stuttgart, 344-347.

Gevarter, William B.(1987), *Intelligente Maschinen. Einführung in die Künstliche Intelligenz und Robotik*, New York.

Habel, Christopher(1985), "Das Lexikon in der Forschung der Künstlichen Intelligenz," In: Schwarze, Christoph & Wunderlich, Dieter(Hrsg.), *Handbuch der Lexikologie*, Königstein: Ts., 441-474.

Haegeman, Liliane(1994), *Introduction to Government and Binding Theory*, 2nd ed., Oxford & Cambridge(Mass.).

Hahn, Udo(1996), "Computerlinguistik," In: Strube, Gerhard(Hrsg.), *Wörterbuch der Kognitionswissenschaft*, Stuttgart, 87-91.

Haider, Hubert(1997), "Ein starkes Gesetz schwacher Grammatiken, und einige seiner Implikationen," In: Kertész, András(Hrsg.), *Metalinguistik im Wande. Die 'Kognitive Wende' in Wissenschaftheorie und Linguistik*, Berlin & New York & Paris & Wien & Frankfurt am Main, 179-195.

Helbig, Gerhard(1986), *Entwicklung der Sprachwissenschaft seit 1970*, Leipzig.

Karttunen, Lauri & Zwicky, Arnold M.(1985), "Introduction," In: Dowty, David R. & Karttunen, Lauri & Zwicky, Arnod M.(Eds.), *Natural Language Parsing: Psychological, Computational, and Theoretical Perspectives*, Cambridge, 1-25.

Krieg-Brückner, Bernd(1996), "Algorithmus," In: Strube, Gerhard(Hrsg.), *Wörterbuch der Kognitionswissenschaft*, Stuttgart, 21-22.

Kuhn, Thomas S.(1991), *Die Struktur wissenschaftlicher Revolutionen* (Original: *The Structure of Scientific Revolutions*. Chicago 1962), 11, Auflage. Frankfurt am Main.

Minsky, Marvin(Ed.)(1968), *Semantic Information Processing*, London & Cambridge.

Pulman, Stephen G.(1992), "Parsing," In: Bright William(Ed.), *International Encyclopedia of Linguistics*, Vol. 3, New York & Oxford, 158-162.

Pulman, Stephen G.(1994), "Parsing techniques," In: Asher, R.E.& Simpson, J.M.Y. (Eds.), *The Encyclopedia of Language and Linguistics*, New York & Seoul & Tokyo & Oxford, 2947-2952.

Ramsay, Allan(1989), "Computer-aided syntactic description of language systems,"

In: Bátori, István S.& Lenders, Winfred & Putschke, Wolfgang(Hrsg.), *Computerlinguistik. Ein internationales Handbuch zur computergestützten Sprachforschung und ihrer Anwendun,* New York & Berlin, 204-219.

Reisberg, Daniel(1997), *Cognition: Exploring the Science of Mind,* New York.

Schmitz, Ulrich(1992), *Computerlinguistik. Eine Einführung,* Opladen.

Schwarz, Monika(1992), *Einführung in die Kognitive Linguistik,* Tübingen.

Schweizer, Harro(1979), *Sprache und Systemtheorie. Zur modelltheoretischen Anwendung der kybernetischen Systemtheorie in der Linguistik,* Tübingen.

Steinacker, Ingeborg(1984), "Intelligente Maschinen?" In: Retti, Johannes et al.(Hrsg.), *Artificial Intelligence. Eine Einführung,* Stuttgart, 7-26.

Tyler, Larraine K. & Marslen-Wilson, William D.(1977), "The on-line effects of semantic context on syntactic processing," *Journal of Verbal Learning and Verbal Behavior* 16, 683-692.

Weissenborn, Jürgen & Schriefers, Herbert(1987), "Psycholinguistics," In: Ammon, Ulrich & Dittmar, Nobert & Mattheier, Klaus J.(Hrsg.), *Soziolinguistik. Ein internationales Handbuch zur Wissenschaft von Sprache und Gesellschaft,* Erster Halbband, New York & Berlin, 470-487.

Winston, Patrick Henry(1984), *Artificial Intelligence,* 2nd ed., London, Amsterdam.

Wulz, Hanno & Zifonun, Gisela(1979), "Automatische Problemlösung und Sprachverarbeitung als Forschungsgegenstände," In: Kolvenbach, Monika & Lötscher, Andreas & Lutz, Hans Dieter(Hrsg.), *Künstliche Intelligenz und natürliche Sprache. Sprachverstehen und Problemlösen mit dem Computer,* Tübingen, 15-38.

인공지능 시대의 언어 연구
― 주요 문제와 언어학의 역할

황화상

1. 서론

인간을 닮은 기계에 대한 인류의 꿈은 오랜 역사를 가지고 있다. 그리스 신화의 '탈로스'에서부터 소설 <프랑켄슈타인>(1818)의 괴물 인간, 영화 <2001 스페이스 오디세이>(1968)의 '할', <AI>(2001)의 '데이빗', <Her>(2013)의 '사만다'에 이르기까지 꿈의 역사를 거치면서 이제 인류는 '인간을 닮은, 스스로 생각하는, 감정이 있는, 인간을 사랑하기도 하고 인간에게 사랑의 대상이 되기도 하는' 기계를 꿈꾸기에 이르렀다. 그리고 2016년 3월 인간 최고의 기사와 인공지능 프로그램 사이의 바둑 대결이라는[1] 극적인 이벤트를 지켜보면서, 비록 그것이 지적 영역의 일부에 국한된 것이라고 하더라도, 사람들은 인공지능과의 공존을 더 이상 소설과 영화 속에서가 아닌 바로 지금 혹은

---

[1] 당시 세계 최고 기사 가운데 한 명이었던 이세돌 9단은 2016년 3월 9일부터 15일까지 5번기로 진행된 대국에서 구글 딥마인드에서 개발한 인공지능 바둑 프로그램 알파고에 4대 1로 패했다.

가까운 미래의 현실로 생각했을지도 모른다.[2]

인간은 지금 인공지능 시대를 이야기하고 있지만 아직은 가야 할 길이 멀다. 특히 언어(자연언어 처리)의 문제는 이제까지 우리가 걸어온 길보다 앞으로 걸어가야 할 길이 훨씬 더 멀다. 최근 구글 번역기를 비롯한 기계번역 시스템이 괄목할 만한 수준의 번역 결과를[3] 보여주기는 하지만 아직 인간의 번역에 비할 바가 아니다. 구글 번역기에서 '운동화끈'을 '운동'과 '화끈'으로 분석한 것이 불과 2년여 전의 일이다.[4] 언어의 문제는 아마도 진정한 의미의 인공지능으로 가는 관문에서 인류가 풀어야 할 마지막 숙제일 가능성이 크다.

언어를 대상으로 한다는 점에서 자연언어 처리는 인지과학, 컴퓨터 공학, 뇌 과학 등과 더불어 언어학(자)이 핵심적인 역할을 해야 하는 분야라고 생각할 수 있다. 그러나 적어도 현재까지는 이 분야 연구자들의 대부분은 이에 동의하지 않는 듯하다. "음성학자(언어학)를 해고할 때마다 시스템의 성능이 좋아진다." 이 말은 자연언어 처리, 특히 음성인식 분야의 권위자인 프레데릭 옐리넥(Frederic Jelinek)이 한 것으로 알려져 있다.[5] 농담 삼아 한 말일

---

2 인간과 바둑 프로그램 사이의 대결이 모두 끝난 바로 그날 밤 4국을 승리한 이세돌 9단에게 보내는, 불굴의 의지와 창의적 수 싸움에 대한 찬사로 시작한 어느 일간지의 사설("이세돌 대 알파고 대국이 인류에 던진 질문", <경향신문>, 2016.3.15.)은 지면의 대부분을 윤리 규범, 사회적 교육 시스템, 일자리, 인간 소외, 거대 자본의 독점 등 인공지능 시대의 사회적 문제들을 언급하는 데 할애했다.

3 특히 2016년 9월 구글에서 '신경망 기반의 번역 시스템'으로의 전환을 발표한 이후 구글 번역의 성능이 크게 향상되었다.

4 붙여 쓴 '운동화끈'은 'exercise hot' 혹은 'kinetic hot'으로 번역하고 띄어 쓴 '운동화 끈'은 'sneaker strap'으로 번역했다("'운동화 끈'이 통역사를 멸종시킬까", <경향신문>, 2019. 5.31.). 물론 현재의 구글 번역기는 띄어쓰기에 관계없이 모두 'Shoelace'로 번역한다. 다만 'N(신발류)+끈'은 대부분 옳게 분석하지만 '실외화끈'은 여전히 '실외+화끈'(outdoor hot tub)으로 잘못 분석한다. 참고로 '실외화'의 구글 번역은 'outdoor shoes'이다.

수도 있고 와전된 것일 수도 있지만 이 분야 연구자들의, 언어학의 역할에 대한 인식의 단면을 보여주는 말인 것은 분명하다. 규칙 기반에서 통계 기반으로, 다시 최근의 신경망 방식으로 변화해 온 자연언어 처리의 역사에서 언어학의 입지가 좁아져 온 것 또한 사실이다.

언어를 다루는 분야에서 언어학이 주도적인 역할을 하지 못하는 아이러니한 상황은 어디에서 비롯한 것일까? 자연언어 처리는 궁극적으로 언어학의 주도적인 역할이 없이도 가능한 것일까? 본고는 이러한 물음을 배경으로 한다. 2장에서는 한국어 분석을 중심으로 자연언어 처리에서 제기되는 주요 문제들을 살펴본다. 3장에서는 언어학의 역할이 제한적인 이유, 자연언어 처리의 한계, 언어 연구의 방향과 과제 등을 중심으로 자연언어 처리 분야에서 언어학의 역할에 관련한 문제들을 살펴본다.

2. 한국어 분석의 주요 문제들

자연언어 처리 연구자들을 골치 아프게 하는 대표적인 문제들 가운데 하나는 중의성(ambiguity)이다. 중의성은 모든 언어에서, 그리고 단어, 구, 문장 등 여러 문법 단위에서 두루 나타나는, 자연언어의 특징적인 현상이다. 자연언어 처리에서 이는 '가능한 분석 후보들을 생성하고 그 가운데 어느 하나를 선택'해야 하는 어려운 과정을 요구한다. 특히 언어 유형론적으로 교착어에 속하는, 그래서 형태소 분석의 과정을 거쳐야 하는 한국어의 경우 중의성

---

5   "Every time we fire a phonetician/linguist, the performance of our system goes up."
    (Moore 2005)

문제는 훨씬 더 심각하다. 조사와 어미가 결합한 어절 가운데 서로 다른 형태론적 분석(형태소 분석)이[6] 가능한 것들이 많기 때문이다.

어휘(혹은 단어) 차원의 중의성은 동형성(혹은 동음성)에서[7] 생긴다. 예를 들어 (1)이 중의적으로 해석되는 것은 명사 '배'가 '梨, 腹, 船' 등의 서로 다른 뜻을 갖는 동형(이의)어이기 때문이다. (1)과 달리 (2)는 중의적이지 않다. (2)와 같은 문장들에서 동형어를 옳게 구별하여 이해하는 것은 우리에게는 전혀 어려운 일이 아니다. (1)도 적절한 문맥이 주어지면 우리는 어렵지 않게 중의성을 해소할 수 있다. 그러나 이는 함께 제시한 구글 번역의 예에서[8] 확인할 수 있듯이 자연언어 분석에서는 결코 쉬운 일이 아니다.[9]

---

6 분석의 대상에 주목하면 '어절 분석'이라는 용어를, 분석의 결과에 주목하면 '형태소 분석'이라는 용어를 쓸 수 있다. 한편 기계 번역과 같은 응용 시스템의 개발을 고려하면 복합어를 포함한 단어 단위까지 분석하는 것으로 충분할 수 있다. 또한 복합어의 경우 형태소 단위까지의 내적 정보는 형태소 분석을 하는 대신 사전적 정보로서 제공할 수 있다. 어근 분리 현상에서 드러나듯이 기억의 단위로서의 복합어에 대한 우리의 인식도 내부 구조에까지 미친다(임홍빈 1979, 허철구 2001, 황화상 2016 참조). 그리고 국어사전 가운데에도 <표준국어대사전>(예를 들어 '걸어-가다'), <고려대 한국어대사전>(예를 들어 '[+걸(겄)_어+가_다]') 등과 같이 복합어의 내부 구조를 제시하는 것들도 있다. 이를 고려하면 '단어 분석'이라는 용어를 쓸 수도 있지만 관련 분야에서 널리 쓰이는 점을 고려하여 '형태소 분석'이라는 용어를 그대로 쓰기로 한다.

7 다의성도 어휘 차원의 중의성에 포함할 수 있다. 동형성(동음성)과 다의성은 문법적으로는 서로 성격이 다르지만 자연언어 분석에서는 복수의 후보 가운데 하나를 선택하는 과정을 요구한다는 점에서 다름이 없다.

8 이하에서 제시하는 영어 번역문도 구글 번역(2021년 12월 기준)의 결과이다. 본고는 구글 번역기의 성능을 평가하는 데 목적이 있지 않다. 설명을 위해 잘못 분석한 예를 주로 들지만 구글 번역기에서 옳게 분석하는 예들도 적지 않다. (2ㄱ)도 '배'와 '사과'의 순서를 바꾸면 옳게 분석한다('I ordered a pear and an apple came.').

9 2021년 9월부터 11월까지 문화체육관광부와 국립국어원에서 진행한 '2021 국립국어원 인공 지능 언어 능력 평가'에서 제시한 과제 가운데 하나가 바로 '동형이의어 구별'이다. 나머지 세 개의 과제는 '문장 문법성 판단(문법에 맞는 문장과 문법에 맞지 않는 문장을 구분하는가)', '인과 관계 추론(주어진 문장의 원인 또는 결과를 적절하게 추론하는가)', '판정 의문문(제시문을 읽고 질문에 '예, 아니오'로 답변할 수 있는가)'이다.

(1) 배를 수건으로 닦았다.

(2) ㄱ. 사과를 주문했는데 배가 왔다.

I ordered an apple, but <u>my stomach</u> came.

ㄴ. 배가 고파서 배를 움켜쥐고 집으로 달려갔다.

I was hungry, so I grabbed <u>my boat</u> and ran home.

ㄷ. 배가 망가져서 고쳤다.

<u>My stomach</u> broke and I fixed it.

서로 품사가 다른 어휘들 가운데에도 동형어가 있다. 예를 들어 '삶'은 명사와 동사(어간)의 동형어이며 '은'은 보조사와 관형사형 어미의 동형어이다. 따라서 '삶은'은 (3ㄱ)에서처럼 명사 '삶'과 보조사 '은'이 결합한 어절일 수도 있고 (3ㄴ)에서처럼 동사 어간 '삶-'과 관형사형 어미 '-은'이 결합한 어절일 수도 있다. 이는 (2)의 '배'와 달리 구성 성분의 품사가 다른 만큼 문장의 구조와 직접적으로 관련되며, 따라서 형태소 분석 과정에서 이를 구별하는 것이 더욱 더 중요하다.

(3) ㄱ. 가슴에 오로지 황폐함만을 안은 채 남은 내 <u>삶은</u> 어디로 가야 하는 걸까.

ㄴ. 생광목을 물에 담갔다가 잿물에 빨아서 <u>삶은</u> 뒤에 햇볕에 바랜다.

어절 차원의 중의성(형태론적 중의성)은[10] 이 밖에도 다양한 원인에 의해

---

10 형태론적 중의성을 갖는 어절을 형태론적 중의 어절이라고 한다. 강승식(2002:269)에서는 형태론적 중의 어절을 '임의의 어절에 대해 가능한 모든 형태소 분석 결과를 생성하는 형태소 분석기 M이 단어 w에 대한 분석 결과로 r1, r2, …, rn을 생성할 때 n≥2인

생긴다. 예를 들어 어절 중의성은 (4)에서처럼 용언('듣-')의 불규칙 활용에 의해 생기기도 하고, (5)에서처럼 용언 어간('가늘-, 갈-') 끝음절의 음운 탈락에 의해 생기기도 하고, (6)에서처럼 용언 어간('내리-')의 끝음절과 어미('-어')의 융합에 의해 생기기도 한다. (7)은 본래 어간과 어미의 범위에 따른 중의성('자라+고', '자+라고')이 있는 어절에 형태소('이-')의 생략에 의한 중의성이 같이 나타나는 예이다.

(4) ㄱ. 석훈은 살며시 손을 <u>들어(듣+어)</u> 이제야 겨우 아빠 노릇을 시작한 진우에게 무언의 응원을 보냈다.

ㄴ. 자기 얘기를 하기는 쉬워도 남의 얘기를 <u>들어(듣+어)</u> 주기는 어려운 것이다.

(5) ㄱ. 길 <u>가는(가+는)</u> 연인들 사이로는 여전히 향긋한 과일향이 둥둥 떠다녔다.

ㄴ. 그 빵을 <u>가는(가늘+은)</u> 파와 삶은 오리알을 적당히 배합하여 돌돌 말아 손으로 먹었다.

ㄷ. 오늘 나에게 주어진 시간 속에서 먹을 <u>가는(갈+는)</u> 건강한 손과 그 손을 움직이는 건강한 마음이 있기 때문이다.

(6) ㄱ. 얘는, 조그만 애가 어른들 흉내만 <u>내려(내+려)</u> 드는구나.

ㄴ. 그 총알에 맞고 쓰러져 어머니를 한없이 부르고 있는데 눈이 <u>내려(내리+어)</u> 쌓여도 꼼짝할 수 없었어.

(7) ㄱ. K씨는 어렸을 때 부유하게 <u>자라고(자라+고)</u> 그 덕에 일찍 외국 유학까지 갔다 왔으나 지금은 빈한하게 된 사람이다.

ㄴ. 문 잘 잠그고 <u>자라고(자+라고)</u> 하면서 돌아갔다.

---

w'로 정의했다.

ㄷ. 이것이 우리의 말이라면 우리를 배은망덕한 <u>자라고(자+이+라고)</u> 힐책
하는 자도 있을 것이다.

하나의 어절에 다양한 원인에 의한 중의성이 동시에 나타나기도 한다.
예를 들어 어절 '난'은 (8)에서처럼 기본적으로 '난', '나+는', '나+은', '날+
은', '낳+은', '낫+은' 등으로[11] 서로 다른 형태론적 분석이 가능한 어절인데
여기에 '난'과 '나+은'의 경우 하위 품사의 차이에 따른 중의성이 함께 나타
나서 최대 8가지의 서로 다른 분석이 가능하다(홍종선 외 2008 참조).

(8) 어절 '난'의 형태론적 중의성

  ㄱ. 난(보통 명사/고유 명사)

    ① 이 웅란은 난 가운데에도 가장 진귀(珍貴)하다.

    ② 난 시(市)를 포위한 버마군이 완강한 저항에 부딪혀 쌍방간에 수많
      은 사상자를 내고도 결판이 날 기미가 보이지 않았다.

  ㄴ. 나(대명사)+는(보조사)

    ③ 난 평범한 건 질색이야.

  ㄷ. 나(동사/보조 동사)+은(관형사형 어미)

    ④ 수혜에게로 오고 싶어 안달이라도 난 듯 감나무는 실내를 향해 가지
      들을 한껏 뻗치고 있었다.

    ⑤ 경제의 어려움을 극복하고 난 뒤에 금융실명제를 실시하겠다는 것
      은 가장 비겁한 변명이다.

---

11 이 가운데 '낳+은'과 '낫+은'은 모두 '나은'으로 활용하는 것이 규범에 맞다. 다만 이와
같은 오류도 자연언어 분석에서 수정의 과정을 거쳐 분석해야 하는 것들이므로 그대로
제시한다.

ㄹ. 날(동사)+은(관형사형 어미)

⑥ 비행선이 처음 하늘을 난 것은 1783년 파리에서의 일이었다.

ㅁ. 낳(동사)+은(관형사형 어미)

⑦ 그것은 어머니 속으로 난 단 하나밖에 없는 자식으로서의 애정이자 미움이기도 했다.

ㅂ. 낫(형용사)+은(관형사형 어미)

⑧ 내 굳이 널 시켜 네 집보다 난 집을 살 테다.

한국어 형태소 분석에서 중의성이 특히 문제가 되는 것은 어절 가운데 중의성을 갖는 것들이 아주 많기 때문이다. 21세기 세종계획에서 구축한 550만 어절 규모의 형태분석 말뭉치(이하 '세종 말뭉치')에서 전체 926,421개 유형(type)의 어절 가운데 26,615개 유형의 총(token) 1,692,372개 어절이 형태론적으로 서로 다른 분석이 가능한 중의 어절이다.[12] 비율로 보면 전체 어절 가운데 형태론적 중의 어절은 유형 빈도 2.87%, 총 빈도 30.77%로서 유형 빈도에 비해 총 빈도가 훨씬 더 높다. 이처럼 유형 빈도는 낮지만 총 빈도가 높은 것은 형태론적 중의 어절 가운데에는 일상의 언어생활에서 자주 쓰이는, 고빈도의 기초 어휘를 포함하는 어절이 많기 때문일 것이다.

(9) <세종 말뭉치>에서 형태론적 중의 어절의 비중

구분	전체 어절	중의 어절	비율(%)
유형(type)	926,421	26,615	2.87
총수(token)	5,500,000	1,692,372	30.77

---

12 세종 형태분석 말뭉치는 앞서 예로 든 '배'와 같이 품사가 같은 동형어는 구분되어 있지 않다. 이를 포함하면 중의 어절의 수와 비율은 훨씬 더 높을 수밖에 없다.

구와 문장 단위에서도 중의성(통사론적 중의성)은 드물지 않게 나타난다. (10)은 'V은 N의 N' 형식을 갖는 명사구의 예들인데 'V은' 관형사절이 형식상 뒤에 오는 첫 번째 명사를 수식할 수도 있고 두 번째 명사를 수식할 수도 있어서 구조적 중의성을 갖는다. (10ㄱ)은 '[[V은 N]의 N]'과 '[V은 [N의 N]]'의 분석이 모두 가능한 중의적 문장이다. 이와 달리 (10ㄴ)은 '[[V은 N]의 N]'의 분석만 가능하고 (10ㄷ)은 '[V은 [N의 N]]'의 분석만 가능하다.[13] 그리고 (11)은 부사절 '있는 힘을 다해'가 모문의 서술어 '쫓아가다'를 수식할 수도 있고 내포문의 서술어 '도망가다'를 수식할 수도 있다.

(10) 'V은 N의 N' 형식 명사구의 중의성

ㄱ. <u>노래를 부르는 노동자의 가족들</u>이 눈시울을 적셨다.

① [[노래를 부르는 노동자]의 가족들]이 ….

② [[노래를 부르는 [노동자의 가족들]]이 ….

ㄴ. [[지난해에 죽은 송욱]의 얼굴]이 가물가물 눈앞을 어지럽혔다.

ㄷ. [[평소보다 낮게 가라앉은 [그의 목소리]]엔 감추어진 적의가 팽팽했다.

(11) 경찰이 <u>있는 힘을 다해</u> 도망가는 범인을 쫓아갔다.

ㄱ. 경찰이 있는 힘을 다해 쫓아갔다.

---

13 'N의 N N N' 형식 명사구의 경우 다음과 같이 최대 6가지 서로 다른 분석이 가능하다. ① '서울시는 [[지하의 [도시가스 공급관]] 매설지도]를 만든다고 부산을 떨었으나 ~.', ② '충성의 보고가 [[전대통령의 부인] [이순자 여사]]에게까지 들어갔나 보다.', ③ '[[[이상의 시] '건축무한 육면각체'] 속]에 담긴 비밀을 풀려는 다섯명의 젊은이들과 ~.', ④ '[최초의 [디즈니 [장편 애니메이션]]]인 백설공주(1937)가 그렇고, ~.', ⑤ '그러나 [헬스 워크사의 [[인터넷 온라인] 서비스]]를 이용하면 개인의 경우 ~.', ⑥ '[[[3·1운동의 [민족 대표]] 33인]은 모두 종교대표였습니다.' (황화상·한정한·임명섭 2004:330-331)

ㄴ. 범인이 있는 힘을 다해 도망갔다.

한국어 분석을 어렵게 하는 또 다른 문제 가운데 하나는 미등록어 분석이다. 미등록어 가운데 고유 명사는 본질적으로 미등록어일 수밖에 없다. 그런데 인명, 지명 등 한국어 고유 명사 가운데에는 (12)의 '철수, 고성'처럼 보통 명사와 동형어인 것들이 많다. 그리고 한국어 미등록어 가운데에는 (13)의 '동시흥분기점'과[14] 같이 붙여 쓴 '명사+명사' 형식의 것들도 많은데 앞서 '운동화끈'을 예로 들었듯이 이 또한 분석이 쉽지 않다.

  (12) ㄱ. 드디어 철수를 만나게 되었다.

     Finally, I met the withdrawal.

    ㄴ. 고성이 오가는 시장 안으로 사람들이 몰렸다.

     People flocked to the market where Goseong passed.

  (13) ㄱ. 동시흥분기점으로 나가야 한다.

     We have to go to the junction of simultaneous excitement.

    ㄴ. 동시흥분기점이 어디에 있지?

     Where is the junction of simultaneity?

중의성 문제와 미등록어 문제를 대표적인 예로 들었지만 이 밖에도 한국

---

14 이 문구가 쓰여 있는 표지판은 한때 인터넷에서 '재미있는 표지판'으로 회자되기도 했다. 참고로 '동시흥분기점'은 수원문산고속도로와 제3경인고속도로가 이어지는 부근의 10여 곳에 있던 표지판에 쓰여 있던 것인데 '동시 흥분 기점'으로 읽힐 소지가 있다는 여론이 이어지자 2017년 이 표지판을 '동시흥 분기점'으로 띄어 쓴 새로운 표지판으로 교체했다. ("묘한 상상력 자극 '동시흥분기점', 드디어 바뀌었다", <오마이뉴스>, 2017. 12.9.)

어를 분석하는 과정에는 다양한 언어적 문제들이 존재한다. 형태소 분석 과정에는 생략된 형태소 복원, 불규칙 형태의 원형 복원 등의 문제들이 있다. 그리고 구문 분석 과정에는 논항 분석, 생략된 문장성분 복원, 문장 유형 분석, 시제와 상 분석 등의 문제들이 있다. 아울러 문장의 문법성을 판단하고 비문법적인 문장의 오류를 수정하는 것도 결코 쉽지 않은 일이다. 더욱이 형태소 분석과 구문 분석 과정에서 텍스트를 참조해야 하는 경우도 드물지 않다.

3. 언어학(자)의 역할

앞서 인용한 옐리넥의 "음성학자(언어학)를 해고할 때마다 시스템의 성능이 좋아진다."라는 말을 다시 생각해 보자. 언어학(자)은 오랜 역사를 거치면서 언어에 대한 연구 경험과 성과를 축적해 왔다. 그런 언어학이 언어를 대상으로 하는 자연언어 처리 분야의 연구 및 기술 발전에 별다른 기여를 하지 못한(혹은 못하는), 말 그대로 이해하면 오히려 이를 가로막은(혹은 가로막는) 이유는 무엇일까?

무엇보다도 언어학의 연구 성과가 자연언어 처리에 직접적으로 활용하기에 상당한 정도로 제한적이었을 것이다. 한 가지 예를 들어보자. 앞서 살펴보았듯이 어절의 형태론적 중의성 문제는 한국어 분석에서 골치 아픈 대표적인 문제이지만 그동안 한국어학에서 어절은 유의미한 문법 단위로서의 지위조차 갖지 못했다.[15] 용언의 활용을 예로 들면 활용을 하는 용언과 활용

---

15 형태소와 단어는 형태론적 단위로서, 구와 문장은 통사론적 단위로서 확고한 문법적 지

의 양상은 문법 기술의 대상이 되었지만[16] 그 결과로서의 활용형(어절)은 문법 기술의 대상이 되지 못했던 것이 사실이다.[17] 이렇게 활용의 과정에 주목하면 어절 '가는'이 동사 '갈다'의 활용형일 수도 있고 형용사 '가늘다'의 활용형일 수도 있고 동사 '가다'의 활용형일 수도 있다는 것은 문법적으로 아무런 의미가 없다. 그러나 '갈다, 가늘다, 가다'의 활용을 이해하는 것과 마찬가지로 (14)에서 그 활용형들인 '가는'을 서로 구별하여 이해하는 것도 한국어 화자의 언어 능력(혹은 언어 지식)의 일부인 것은 분명하다. 따라서 이 또한 모어 화자의 언어 능력을 설명하는 언어학의 대상이 되어야 하는 것은 물론이다.

<blockquote>
(14) ㄱ. 저기 밭을 <u>가는(갈+는)</u> 사람들이 있다.

ㄴ. <u>가는(가늘+은)</u> 빗줄기가 억수같이 쏟아진다.

ㄷ. 집으로 <u>가는(가+는)</u> 길에 친구 집에 들렀다.
</blockquote>

동형어를 구별하고, 구와 문장의 구조를 분석하고, 미등록어를 분석하는 것 등도 이와 다름이 없다. 앞서 살펴보았듯이 이는 자연언어 처리에서는 어느 하나 쉽지 않은 것들이다. 그러나 문맥에 따라 이를 정확하게 구별하여

위를 갖는다. 이와 달리 어절은 단어가 아니라는 점에서 형태론에서도 그 문법적 지위를 인정받지 못하고, 문장을 구성하는 직접적인 성분이 아니라는 점에서 통사론에서도 그 문법적 지위를 인정받지 못했다. (황화상 · 최정혜 2003:288-289 참조)

16 활용에 관련한 문법 기술은 활용을 규칙 활용(예를 들어 '먹다, 먹고, 먹으니', '울다, 울고, 우니')과 불규칙 활용('짓다, 짓고, 지으니', '묻다, 묻고, 물으니')으로 나누고, 그 대상인 용언을 규칙 활용을 하는 것('먹다, 울다')과 불규칙 활용을 하는 것('짓다, 묻다')으로 나누어 설명하는 것이 주를 이룬다.

17 이는 언어학이 언어의 분석(해석)보다 언어의 생성에 초점을 두고 발전해 온 것과 무관하지 않을 것이다.

이해하는 것은 우리에게는 전혀 어려운 일이 아니다. 이 또한 우리의 언어 능력의 일부이며, 따라서 언어 연구에서 설명해야 할 것들이다. 따로 살펴보지는 않았지만 생략 형태소 복원, 불규칙 형태의 원형 복원, 논항 분석, 생략된 문장성분 복원, 문장 유형 분석, 시제와 상 분석 등도 이와 마찬가지이다.

언어학의 연구 성과가 제한적인 상황에서 자연언어 처리는 기본적으로 언어학의 연구 성과를 활용하면서도 통계 정보를 적극적으로 이용하고 딥러닝으로[18] 대표되는 기계 학습의 새로운 방법론을 찾는 방향으로 자연스럽게 흘러왔다. 이러한 경향은 동형어 분석(김민호·권혁철 2011, 신준철·옥철영 2016), 미등록어 분석(최맹식·김학수 2011, 이현영·강승식 2019), 형태소 분석(민진우·나승훈·김영길 2017, 윤준영·이재성 2021), 구문 분석(이용훈·이종혁 2008, 이건일·이종혁 2015) 등 자연언어 처리의 전 분야에 걸쳐 다름이 없다. 그리고 그 결과는 구글 번역의 사례에서 드러나듯이 괄목할 만한 수준의 성과로 이어졌다.

새로운 방법론에 기반한 연구의 경험이 축적되고 또 다른 새로운 방법론이 제시되는 과정이 반복되면서 앞으로도 자연언어 처리 기술은 비약적인 발전을 거듭할 가능성이 크다. 그러나 궁극적으로 인간처럼 언어를 사용하는 데까지 이를 수 있을지는 의문이다. 방법론에 분명한 한계도 있기 때문이다. 예를 들어 김민호·권혁철(2011)에서는 한국어 어휘의미망을 기반으로 하되 대규모 말뭉치로부터 중의성 어휘(동형어)와 공기 어휘 사이의 연관성에 대한 통계 정보를 획득하여 동형어 분석에 활용한다. 이에 따르면 동형어 '사과(apple)'는 '먹다, 주스' 등과 연관성이 높고 '사과(apology)'는 '국민, 공

---

18 딥러닝(Deep Learning)은 기계 학습의 일종으로 보통의 기계 학습보다 더 많은(혹은 깊은) 신경망 계층(layer) 구조를 이용한다고 해서 '깊은(deep)'이라고 한 것이다. (임희석·고려대학교 자연언어처리연구실 2020:259-260 참조)

식' 등과 연관성이 높다. 그러나 어휘의미망의 관계어들에 대한 단순한 공기 정보만으로는 (15)에서처럼 동형어를 옳게 구별하기가 쉽지 않다.

> (15) 정부에서 *국민들에게* 사과를 한 상자씩 나눠주었다.
>
>   The government distributed a box of apologies to the people.
>
>   cf. 대통령이 *국민들에게* 사과를 한 상자씩 나눠주었다.
>
>   The president handed out a box of apples to the people.

특히 한국어 문장에는 중의성이 있는 성분이 두 개 이상 동시에 나타나는 것도 드물지 않다.[19] 예를 들어 (16)에는 '이(대명사)+를(조사)', '이(명사)+를 (조사)', '이르(동사)+을(어미)', '이르(형용사)+을(어미)' 등으로 분석될 수 있는 어절 '이를'과 (14)와 같은 복수의 분석이 가능한 어절 '가는'이 인접해 있 다. 이처럼 중의성을 갖는 성분이 중복할 때에는 공기 정보를 활용하는 데 한계가 있을 수밖에 없다.

> (16) 요즘도 *이를* 가는(*가+는) 사람들이 많다.
>
>   Even today, many people go *there*.
>
>   cf. 요즘도 *이빨*을 가는(갈+는) 사람들이 많다.
>
>   Even today, many people sharpen *their teeth*.

자연언어 처리에서 언어학이 제 역할을 하지 못한 데에는 언어학의 지향

---

19 황화상·최정혜(2003)에서 50만 어절을 표본 조사한 결과 한국어 문장을 구성하는 평 균 어절 수는 14.4였다. 앞서 (9)에서 제시한 형태론적 중의 어절의 비율(30.77%)로 단 순 계산하면 한 문장에 평균 4.43개의 형태론적 중의 어절이 나타나는 셈이다.

점과 자연언어 처리의 지향점 사이에 존재하는 현실적인 차이가 영향을 끼쳤을 수도 있다. 언어학은 언어를 사용하는 인간을 전제로 '어떻게 언어를 이해하는지'를 설명하는 이론 학문이다. 이와 달리 자연언어 처리는 '인간처럼 언어를 사용하는' 기계(시스템)를 목표로 하는 응용 분야이다. 여기에서 '인간처럼'에 주목해 보자. 언어의 이해에 궁극의 관심이 있는 언어학자는 방법론의 측면에서 '언어를 인간처럼 이해하는' 기계에 대한 꿈을 배경으로 자연언어 처리에 접근할 수 있다. 곧 언어학자는 자연언어 처리를 인간의 언어 능력을 모의(模擬, simulation)하는 좋은 기회로 생각할 수 있다. 이와 달리 시스템 성능의 개선을 끊임없이 요구받는 자연언어 처리 분야의 연구자들에게는 결과의 측면에서 '언어를 인간처럼 사용하는' 기계가 현실적으로 더 중요한 것일 수 있다.

언어를 인간처럼 이해하면 언어를 인간처럼 사용하리라는 것은 분명하다. 그러면 그 역도 참인가? 곧 인간처럼 언어를 사용하면 인간처럼 언어를 이해하는 것일까? 이와 관련하여 컴퓨터의 언어 능력(그리고 지적 능력)을 평가하는 장치로서 제안된 '튜링 테스트'를 살펴보자.

(17) 튜링 테스트

사람과 컴퓨터가 각각 들어가 있는 두 개의 방 앞에 누가(혹은 어떤 것이) 어느 방에 들어가 있는지 전혀 알지 못하는 어떤 사람(A)이 앉는다. A는 두 방에 있는 사람(혹은 컴퓨터)과 각각 대화를 한다. A가 어느 방에 사람이 있고 어느 방에 컴퓨터가 있는지 판단하지 못한다면 그 컴퓨터는 지능을 갖춘 것이다.

수학자인 앨런 튜링(Alan Turing)이 주목한 것은 언어를 '인간처럼 사용하

는' 결과이다. 컴퓨터가 언어를 '인간처럼 이해하는지'는 튜링 테스트에서
문제 삼지 않는다. 물론 튜링이 이를 전혀 고려하지 않은 것은 아니다. 튜링
테스트에는 컴퓨터가 결과적으로 인간과 다름없이 언어를 사용한다면 언어
를 이해하는 것으로 보자는 튜링의 제안이 전제되어 있다.[20] 철학자인 존
설(John Searle)은 '중국어 방 논증'을 통해 튜링의 이러한 제안을 비판했다.

(18) 중국어 방 논증

중국어는 전혀 모르고 영어만 할 줄 아는 사람이 방에 있다. 그에게 중국
어 문자로 씌여진 문서들이 주어진다. 그에게는 영어로 된 규칙집이 주어
진다. 이 규칙집은 중국어 문자들의 '형태'만을 비교해 주어진 중국어 문
자 나열에 대응하는 다른 중국어 문자 나열을 찾을 수 있게 해준다. (중략)
이제 그에게 어떤 중국어 문자 나열이 주어진다. 그는 규칙에 따라서 그
나열의 형태를 분석한 뒤 한 가지 중국어 문자 나열을 만들어 방 밖으로
내보낸다. 그가 모르는 사이에 방 밖에서는 사람들이 그에게 질병의 여러
증상에 대해 중국어로 질문을 던지고 있었다고 하자. 그가 규칙에 따라
참조하였던 중국어 문서 다발 중에는 중국어로 된 의학백과사전이 있었
다. 그리고 그가 규칙에 따라 만들어 밖으로 내보낸 문자 나열은 사람들
의 질문에 대한 답변이었다.

그가 의존한 그 규칙집이 아주 잘 만들어져 있고, 그가 그것을 아주 잘
외워 따를 수 있다면 방 밖의 사람들은 그를 중국인 의사라고 생각할 것

---

20 튜링 테스트를 제시한 Turing(1950)의 첫 문장은 "I PROPOSE to consider the question,
   'Can machines think?'"이다. 튜링이 튜링 테스트를 통해 제안한 것은 '생각하는' 것을
   정확하게 정의하는 문제를 유보하는 대신 사람들이 '생각하다'라는 말로 이해할 수 있
   는 활동을 만족할 만하게 흉내 낼 수 있다면 컴퓨터가 '생각한다'라고 판정하자는 것이
   다. (김재인 2017:27 참조)

이다. 적어도 그가 중국어를 잘 '이해'한다고 판단할 수밖에 없을 것이다. 그러나 그의 답변이 밖에서 보기에 아무리 능숙한 중국어와 비슷하다고 해도 그는 중국어를 전혀 알지 못한다. 이 사람이 중국어 문자들이 '의미하는 바'를 알지 못하는 한 그는 중국어를 '이해한다'고 말할 수 없다.

-<말하는 컴퓨터라도 '의미론'이 없다>,
한겨레신문(2003년 12월 21) 중에서

　언어 사용의 결과에 주목한 튜링과 달리 설은 언어의 이해에 주목했다. 설의 관점에서는 인간처럼 언어를 사용한다고 해서 언어를 이해한다고 말할 수 없다. 언어가 의미하는 바를 알지 못하기 때문이다.[21] 그러나 '형태'만으로 언어를 분석하고 생성하는 것은 자연언어의 세계에서는 불가능하다. 따라서 튜링 테스트를 통과하는 시스템은 언어를 이해한다고 말할 수 있다고 본다.[22] 그러면 언어를 인간처럼 이해해야만 언어를 사용할 수 있을까? 언어학자들의 생각과 자연언어 처리 연구자들의 생각이 다를 수 있다. 그러나 인간처럼 언어를 사용하는 시스템을 만드는 가장 확실한 방법은 그 시스템이 인간처럼 언어를 이해하도록 만드는 것이라는 점은 분명하다. 인간에게 내재한 자연언어 처리 장치가 가장 완벽하기 때문이다. 자연언어 처리 과정에서 생기는 언어적 문제들을 해결하는 데 궁극적으로 언어학이 핵심

21　중국어 방 논증은 이후 다양한 비판을 받았다. 비판의 핵심은 단순히 중국어 방 안에 있는 사람이 아닌 그 사람과 규칙집을 포함하는 방 전체가 일종의 시스템으로서 중국어를 이해한다고 말할 수 있다는 것이다. 중국어 방 안에 있는 그 사람이 규칙집을 완벽하게 외워서 중국인과 중국어로 대화한다고 생각해 보자. 여전히 그 사람은 중국어를 이해하지 못하는가?

22　레이 커즈와일(Ray Kurzweil)은 <특이점이 온다(The Singularity is Near)>로 번역된, 2005년 그의 저서에서 2020년대 말(2029년)이면 컴퓨터가 튜링 테스트를 통과할 것으로 예측했다.

적인 역할을 해야 하는 것은 바로 이런 까닭에서이다.

언어학이 자연언어 처리 분야의 연구에서 제 역할을 하기 위해서는 무엇보다도 먼저 인간의 언어 능력 전반으로 연구의 범위를 확장해야 한다. 특히 언어학은 인간이 언어를 어떻게 이해하는지에 대한 언어학적 설명을 제공해야 한다. 예를 들어 미등록어 '대학생선교회'에 대한 언어학적 설명은 이에 대한 우리의 이해를 '[[대학생][선교회]]'와[23] 같이 구조를 분석하여 형식화하는 것이다. 이때 '[[대학][생선][교회]]'와 같은 분석은 언어학에서 전혀 고려의 대상이 아니다. 특별한 상황을 전제하지 않는 한 인간은 이를 이처럼 이해하지 않기 때문이다. 그러나 자연언어 처리에서 이에 대한 분석은 예를 들어 '대학생+선교회'와 '대학+생선+교회'의 두 가지 후보를 생성하고 이 가운데 어느 하나를 선택하는 어려운 과정을 거쳐야 한다. 자연언어 처리에서 언어학에 요구하는 것은 이 과정에서 어떻게 '대학생+선교회'를 선택하고 '대학+생선+교회'를 배제할 것인가에 대한 언어학적 답변이다.[24]

우리가 문장을 분석하는 실제 과정에 대한 검토도 필요하다. 공기어 정보를 활용한 중의성 해소를 다시 생각해 보자. 중의성 해소에 공기어 정보를 활용하는 것은 인간의 경우에도 다름이 없다. 다만 중의성은 단순한 공기 정보만으로 해소할 수 있는 것이 아니다. 이는 문장을 구성하는 성분들 사이의 문법적 관계에 기반한 것이어야 한다.[25] 예를 들어 '아버지께서 이를 가

---

23 최대한 분석한 '[[[대학][생]][[선교][회]]]'를 설명의 편의를 위해 단순화한 것이다.

24 물론 이를 선택하는 문제가 순수한 언어학적 문제는 아닐 수도 있다. 우리가 언어를 이해하는 데에는 언어 외적인 지식도 관여한다.

25 박진호(2020:41~43)에 따르면 단어를 벡터화할 때 선조적 인접성을 바탕으로 한 보통의 방법과 통사적 의존 관계를 바탕으로 한 방법 사이에는 중요한 차이가 있다. 전자의 경우 의미상 유사한 단어들이 벡터 공간에 가까이 놓이고 후자의 경우 문법적으로 유사한 단어들이 벡터 공간에 훨씬 더 가까이 조밀하게 몰린다. 영어를 대상으로 한 Levy

는 실로 묶으셨다.'에서 세 개의 어절 '이를, 가는, 실로'의 중의성은 이 문장 안에서 이들이 서로 그리고 다른 성분과 어떻게 문법적으로 관련되는지에 대한 이해 없이는 해소할 수 없다. 문제는 이들 어절의 중의성을 해소하는 것과 이 문장의 구조를 이해하는 것이 서로 맞물려 있다는 점이다. 곧 이들 어절의 중의성을 해소하기 위해서는 문장의 구조를 파악해야 하는데 반대로 문장의 구조를 파악하기 위해서는 먼저 이들 어절을 분석해야 한다. 형태소 분석과 구문 분석을 차례대로 거쳐 문장을 분석한다고 보는 전통적인 접근 방식으로는 이러한 모순을 해결할 수 없다. 이는 우리가 문장을 이해하는 과정을 형태소 분석과 구문 분석이 상호 작용하는[26] 과정으로 이해해야 설명이 가능하다.

어휘(단어), 구, 문장 등의 문법 단위들에 대한 전체적인 문법 기술도 중요하다. 예를 들어 중의성 해소, 미등록어 분석, 논항 분석, 비문법적인 문장의 분석 등 자연언어 처리에서 제기되는 문제들은 공통적으로 어휘들 사이의 문법적 관계, 특히 의미 관계에 대한 이해를 필요로 한다. 물론 언어학에 이를 위한 방법론이 없는 것은 아니다. 어휘의 의미와 그 관계는 어휘 의미론의 핵심적인 주제이다. 어휘 의미론에서는 의미 관계를 계열 관계와 통합 관계로 크게 나누고 계열 관계를 다시 유의 관계, 반의 관계, 상하의 관계, 전체 부분 관계 등으로 나누어 체계적으로 기술해 왔다. 이를 활용하면 예를

---

and Goldberg(2014)의 결과도 이와 다르지 않다.

26 분석의 어느 단계에서 판단을 하고 그 이후의 어느 단계에서 그 판단을 수정하는 방식의 상호작용을 생각해 볼 수 있다. 예를 들어 '아버지께서 이를 가는 실로 묶으셨다.'를 분석하는 과정에서 '아버지께서'를 분석한 다음 ① '이를'을 '이(대명사)+를(조사)'로 분석하고, ② '가는'을 분석하는 과정에서 '이를'을 '이(명사)+를(조사)'로 수정하고 '가는'을 '갈(동사)+는(어미)'로 분석하고, ③ '실로'를 분석하는 과정에서 '가는'을 '가늘(형용사)+은(어미)'으로 수정하고 '실로'를 '실(명사)+로(조사)로 분석하는 것이다.

들어 '운동화끈'은 전체 부분 관계를 바탕으로 '운동화+끈'으로 분석할 수 있다.[27] 다만 기술의 범위가 일부 어휘라는 점이 문제다. 자연언어 처리는 일상의 언어생활에서 사용되는 모든 어휘에 대한 기술을 요구한다.[28] 아울러 이와 같은 의미 관계가 우리가 언어를 이해하는 데 관여하는 의미 관계를 포괄하는 것인지에 대한 검토도 필요하다.

언어를 이해하는 데 언어 외적인 지식이 어떻게 관여하는지에 대해서도 살펴보아야 한다. 앞서 미등록어 '대학생선교회'의 분석을 예로 들었지만 이를 '대학+생선+교회'로 분석하지 않는 데에는 언어적인 지식 외에 사물의 이름에 관련한 우리의 경험적인 지식이 작용했을 것이다. 마찬가지로 명사구 '값비싼 포도주와 소주'의 구조를 분석하는 데에는 '포도주'와 '소주'의

---

27 통합 관계와 관련한 의미 기술과 이를 활용한 언어 분석의 예로는 최경봉(1998)을 들수 있다. 최경봉(1998:157)에 따르면 '나는 바위를 물통에 따랐다.'는 '바위'의 원형 속성(명사 '바위'의 구성역 '돌(*x*)'은 '차가운, 단단한, 딱딱한, ...' 등의 원형 속성을 전제한다)에 의거하여 비문으로 판단할 수 있다. 참고로 최경봉(1998)에서는 Pustejovsky(1993)에서 제안한 속성 구조(Qualia Structure)를 일부 수정하여 부류와 속성을 크게 나누고 속성을 다시 구성역, 형상역, 기능역, 작인역으로 나누어 명사의 의미 구조를 기술했다. 예를 들어 '소설(*x*)'의 의미 구조는 '[부류 [상위개념, 문학]], [속성 [구성역, 이야기(*x*)] [형상역, 책(*x*), 디스크(*x*)], [기능역, 읽다(y, *x*)], [작인역, 가공품, 쓰다(y, *x*)]]와 같이 기술할 수 있다(최경봉 1998:134).

28 이는 전통적인 방식으로는 불가능에 가까운 일이다. 문법 기술에 자연언어 처리의 방법론을 적극적으로 활용하는 등의 변화가 필요하다. 참고로 기계 학습에 기반한 최근의 자연언어 처리 연구에 따르면 언어 단위를 수치 벡터로 표상하는 방법을 통해 그들 사이의 문법적 관계를 파악할 수 있다. 예를 들어 박진호(2020:12)에서 세종 형태의미분석 말뭉치를 Word2vec(단어의 주위 문맥을 반영하여 단어를 벡터화하는 알고리즘)으로 학습시킨 뒤 명사 '속'과 가장 유사한 토큰 10개를 뽑은 결과 '안, 물속, 가슴속, 밑바닥, 머릿속, 깊숙이, 마음속, 꿈속, 몸속, 품안' 등 '속'과 동일한 품사의 유의어와 하의어, 그리고 이와 자주 공기하는 부사 '깊숙이'가 뽑혔다. 김일환(2017)에서 벡터 유사도를 기반으로 보통 명사(예를 들어 '군소리/군말', 유사도 0.847), 형용사('겸연쩍다/멋쩍다', 유사도 0.742), 부사('간혹/종종', 유사도 0.741)의 유의어들을 뽑은 사례도 참조할 수 있다.

값에 대한 우리의 경험적인 지식이 뒷받침되어야 한다.

4. 요약

인류는 끊임없이 인간을 닮은 기계를 꿈꿔 왔다. 그리고 지금 인간은 인공지능 시대를 이야기하고 있다. 최근 구글 번역기를 비롯한 기계번역 시스템은 높은 수준의 번역 결과를 보여준다. 그러나 이전에 비해 괄목한 만한 수준의 결과일 뿐 아직 인간의 번역에 비할 바는 아니다. 언어(자연언어 처리)의 문제는 어쩌면 진정한 의미의 인공지능으로 가는 관문에서 인류가 풀어야 할 마지막 숙제일지도 모른다.

자연언어 처리는 해결해야 할 많은 과제를 안고 있다. 그 가운데 하나는 중의성 문제이다. 중의성은 모든 언어에서 단어(어휘), 구, 문장 등 여러 문법 단위에서 두루 나타나는, 자연언어의 특징적인 현상으로서 자연언어 처리에서 가능한 분석 후보들을 생성하고 그 가운데 어느 하나를 선택해야 하는 어려운 과정을 요구한다. 특히 언어 유형론적으로 교착어에 속하는, 그래서 형태소 분석의 과정을 거쳐야 하는 한국어의 경우 중의성 문제는 훨씬 더 심각하다. 인명과 지명 등 고유 명사 가운데 보통 명사와 동형어인 것들이 많고 둘 이상의 명사를 흔히 붙여 쓰기도 하는 한국어의 경우 미등록어를 분석하는 것도 쉽지 않다. 이 밖에 한국어 분석 과정에는 생략된 형태소 복원, 불규칙 형태의 원형 복원, 논항 분석, 생략된 문장성분 복원, 문장 유형 분석, 시제와 상 분석 등의 다양한 언어적 문제들이 있다.

자연언어 처리는 언어를 대상으로 하는 연구 분야이지만 언어학이 주도적인 역할을 해 오지는 못했다. 무엇보다도 언어학의 연구 성과가 자연언어

처리에 직접적으로 활용하기에 상당한 정도로 제한적이었다. 언어학이 자연언어 처리에서 제 역할을 하지 못한 데에는 언어학의 지향점과 자연언어 처리의 지향점 사이에 존재하는 현실적인 차이가 영향을 끼쳤을 수도 있다. 곧 언어의 이해에 궁극의 관심이 있는 언어학자는 방법론의 측면에서 언어를 '인간처럼 이해하는' 기계에 대한 꿈을 배경으로 자연언어 처리에 접근할 수 있다. 이와 달리 시스템 성능의 개선을 끊임없이 요구받는 자연언어 처리 분야의 연구자들에게는 결과의 측면에서 언어를 '인간처럼 사용하는' 기계가 현실적으로 더 중요한 것일 수 있다.

언어학의 연구 성과가 제한적인 상황에서 자연언어 처리는 기본적으로 언어학의 연구 성과를 활용하면서도 통계 정보를 적극적으로 이용하고 딥러닝으로 대표되는 기계 학습의 새로운 방법론을 찾는 방향으로 자연스럽게 흘러왔다. 새로운 방법론에 기반한 연구의 경험이 축적되고 또 다른 새로운 방법론이 제시되는 과정이 반복되면서 자연언어 처리 기술은 비약적인 발전을 거듭할 가능성이 크다. 그러나 궁극적으로 인간처럼 언어를 사용하는 데까지 이를 수 있을지는 의문이다. 방법론에 분명한 한계가 있기 때문이다. 인간처럼 언어를 사용하는 시스템을 만드는 가장 확실한 방법은 그 시스템이 인간처럼 언어를 이해하도록 만드는 것이다. 인간에게 내재한 자연언어 처리 장치가 가장 완벽하기 때문이다.

언어학이 자연언어 처리에서 제 역할을 하기 위해서는 연구 범위를 인간의 언어 능력 전반으로 확장해야 한다. 특히 인간이 언어를 어떻게 이해하는지에 대한 언어학적 설명이 필요하다. 그동안 언어학은 언어의 분석(해석)보다는 언어의 생성에 초점을 맞춰 왔다. 그러나 언어를 이해하는 것 또한 우리의 언어 능력(혹은 언어 지식)의 일부이며, 따라서 언어학의 대상인 것은 분명하다. 우리가 문장을 분석하는 실제 과정에 대한 검토도 필요하다. 전통적으로 문장은 형태소 분석과 구문 분석을 차례대로 거치면서 분석된다고 보았다. 그러나 자연언어 처리에서 형태소 분석과 구문 분석 사이의 상호 작용을 전제하지 않고는 어절과 문장을 옳게 분석하기 어렵다. 이 밖에 어휘 (단어), 구, 문장 등의 문법 단위들에 대해 전체적인 문법 기술, 언어를 이해 하는 데 관여하는 언어 외적 지식 등에 대해서도 살펴보아야 한다.

참고문헌

강승식(2002), 한국어 형태소 분석과 정보 검색, 홍릉과학출판사.

고려대학교 민족문화연구원 편(2009), 고려대 한국어대사전, 고려대 민족문화연구원.

국립국어원 편(1999), 표준국어대사전, 두산동아.

김민호·권혁철(2011), "한국어 어휘의미망의 의미 관계를 이용한 어의 중의성 해소," 정보과학회논문지: 소프트웨어 및 응용 38(10), 한국정보과학회, 554-564.

김일환(2017), "디지털 자료와 의미 연구의 다양성," 한국어 의미학 56, 한국어의미학회, 89-109.

김일환(2020), 빈도 효과-코퍼스를 활용한 국어 문법의 기술, 고려대 민족문화연구원.

김재인(2017), 인공지능의 시대, 인간을 다시 묻다, 도서출판 동아시아.

민진우·나승훈·김영길(2017), "딥러닝을 이용한 전이 기반 한국어 형태소 분석 및 품사 태깅," 제29회 한글 및 한국어 정보처리 학술대회 논문집, 한국정보과학회, 305-308.

박진호(2020), "문장 벡터를 이용한 동형어 구분," 한국(조선)어교육연구 16, 중국한국(조선)어교육연구학회, 7-48.

신준철·옥철영(2016), "한국어 어휘의미망(UWordMap)을 이용한 동형이의어 분별 개선," 정보과학회논문지 43(1), 한국정보과학회, 71-79.

윤준영·이재성(2021), "한국어 형태소 분석 및 품사 태깅을 위한 딥 러닝 기반 2단계 파이프라인 모델," 정보과학회논문지 48(4), 한국정보과학회, 444-452.

이건일·이종혁(2015), "순환 신경망을 이용한 전이 기반 한국어 의존 구문 분석," 정보과학회 컴퓨팅의 실제 논문지 21(8), 한국정보과학회, 567-571.

이용훈·이종혁(2008), "기계학습 기법을 이용한 한국어 구문분석, 한국정보과학회 학술발표논문집 35(1)," 한국정보과학회, 285-288.

이현영·강승식(2019), "음절 단위 임베딩과 딥러닝 기법을 이용한 복합명사 분해, 스마트미디어저널 8(2)," 한국스마트미디어학회, 66-71.

임홍빈(1979), "용언의 어근분리 현상에 대하여," 언어 4-2, 한국언어학회, 55-76.

임희석·고려대학교 자연언어처리연구실(2020), 자연어처리 바이블－핵심 이론·응용시스템 · 딥러닝, 휴먼싸이언스.

최경봉(1998), 국어 명사의 의미 연구, 태학사.

최맹식 · 김학수(2011), "기계학습에 기반한 한국어 미등록 형태소 인식 및 품사 태깅," 정보처리학회논문지B 18(1), 한국정보처리학회, 45-50.

한정한 · 남경완 · 유혜원 · 이동혁(2007), 한국어 정보 처리 입문, 커뮤니케이션북스.

허철구(2001), "국어의 어기분리 현상과 경계 인식," 배달말 28, 배달말학회, 57-82.

홍종선 · 남경완 · 유혜원 · 이동혁 · 황화상(2008), 한국어 중의어절 사전, 태학사.

황화상(2006), 한국어와 정보-한국어 정보 처리와 자연언어 처리의 이해, 박이정.

황화상(2016), "어근 분리의 공시론과 통시론-단어 구조의 인식, 문장의 형성, 그리고 문법의 변화," 국어학 77, 국어학회, 65-100.

황화상 · 최정혜(2003), "한국어 어절의 형태론적 중의성 연구," 한국어학 20, 한국어학회, 287-311.

황화상 · 한정한 · 임명섭(2004), "자연언어처리를 위한 한국어 명사구의 분석 방법 연구," 한국어학 24, 한국어학회, 317-353.

Levy, O. and Goldberg, Y. (2014), "Dependency-Based Word Embeddings," in *Proceedings of the 52nd Annual Meeting of the Association for Computational Linguistics* (Short Papers), 302-308.

Moore, R. K. (2005), "Results from a Survey of Attendees at ASRU 1997 and 2003," In *Proceedings of INTERSPEECH-2005, Lisbon, 5-9 September*, 117-120.

Pustejovsky, J. (1993), "Type Coercion and Lexical Selection," In Pustejovsky, J. (ed.), *Semantics and the Lexicon*, Dordrecht: Kluwer Academic Publishers, 73-94.

Turing, A. M. (1950), "Computing Machinery and Intelligence," *Mind* 236, 433-460.

딥러닝 언어모형의 평가와 언어학

송상헌

1. 들어가며

본고는 최근의 인공지능 언어모형의 평가가 어떻게 구성되어 있는지를 개괄하고 그 가운데 언어학 및 언어학자의 역할이 어떠하며 또 어떠해야 하는지를 논하는 데 목적이 있다. 2018년 이른바 트랜스포머 모델이 제안된 이후 지난 몇 년간 인공지능 언어모형은 비약적인 발전을 거듭하고 있다. 새로운 언어모형 구축 알고리즘이 계속 제안되고 있으며, 그에 따라 다양한 언어모형이 개발되어 일반에게 공개되고 있다. 이렇게 많은 언어모형의 산출 과정에서 특히 주목받는 것이 언어모형 평가 방법이다. 최근 몇 년간 언어모형을 올바르고 효율적으로 평가하기 위한 여러 방법론 그리고 여러 언어자원이 경쟁적으로 제안되었다. 생성문법으로 대표되는 현대 언어학이 최근 딥러닝 기반의 언어처리에 이바지할 수 있는 바는 단연코 그 평가체계를 고도화하는 일이다. 언어모형이 인간의 언어 구조와 사용을 모사하는 체계라고 한다면, 그 구조와 사용에 대한 전문가는 언어학자이기 때문이다. 이와 같은 맥락에서 본고는 우선 그 주요 흐름을 되짚어 보는 데 지면을 할애할 것이다. 그다음으로 언어학이 구체적으로 어떤 소임을 할 수 있는가를 살펴본다.

본고의 구성은 다음과 같다. 2절은 언어모형이 무엇이고 왜 평가가 요구되는지에 대한 배경을 다룬다. 3절은 그 언어모형 평가체계에 대한 전반을 개괄한다. 4절은 평가의 자원과 환경 그리고 잠재적 문제점에 대해서 정리한다. 5절은 다시 원론으로 돌아가 인공지능 평가에서 언어학의 역할을 논의한다. 끝으로 6절은 본고의 맺음말이다.

2. 언어모형

언어학에서 가장 중요한 단어 동시에 언어학을 가장 잘 대변하는 단어가 있다면 아마도 '문법'일 것이다. 생성문법으로 일컬어지는 현대 언어학의 문법 개념을 반추해 보았을 때, 한 가지 원론적인 질문으로 "좋은 문법이란 무엇인가?"를 제기할 수 있다. 이 질문에 대한 마찬가지 원론적인 대답은 "특정 언어의 현상을 잘 설명할 수 있는 체계"라고 할 수 있다. 여기서 "잘 설명한다"라는 개념을 구체적으로 풀이하자면, 두 가지로 정리할 수 있다. 첫째, 좋은 문장(well-formed expression)과 그렇지 못한 문장(ill-formed expression)을 구별해 낼 수 있어야 한다. 둘째, 좋지 않은 문장에 대해서는 어떠한 문법적 제약(grammatical constraint)을 위배하여 구성 오류(derivational crash)가 발생하였는가를 밝힐 수 있어야 한다. 자연언어처리에서 폭넓게 활용되는 언어모형을 이해하기 위해서도 이 같은 문법 체계에 대한 개괄이 필요하다. 언어모형을 대규모 코퍼스에서 확률적으로 추출한 의사 문법(pseudo grammar)으로 간주하는 것이 전산언어학의 주요 가정이기 때문이다.

자연언어의 특성을 계량화할 때 몇 가지 제안되는 방법 체계가 있다. 그 가운데서 언어모형은 언어표현 단위(예컨대, 형태소 혹은 단어)가 어떠한 "순서"로 쓰였는가를 연산의 축으로 한다. 즉, 각 언어표현의 연쇄마다 코퍼스 출현 빈도를 기준으로 확률값을 부여한 자원을 언어모형이라고 규정한다. 앞서 좋은 문법은 어떠한 문장이 좋은 문장이고 또 그렇지 않은지를 구분해 낼 수 있어야 한다고 정리하였다. 마찬가지로 유사 문법 체계를 표방하는 언어모형은 어떠한 언어표현 연쇄가 더 확률적으로 타당한지를 판별할 수 있는 것을 기본 목적으로 한다. 예컨대, 아래 두 문장은 같은 단어로 구성되었다고 할지라도 (1ㄱ)이 (1ㄴ)보다 훨씬 더 사용될 법한 구성이다. 확률적으로 말하자면, (1ㄱ)의 출현 확률값이 (1ㄴ)의 출현 확률값보다 유의미하게 높을 것이다(언어모형 일반에 대한 상세 설명은 Koehn(2009) 등을 참조).

(1) ㄱ. The house is small.

　　ㄴ. Small the is house.

이상과 같은 확률기반 모형을 전통적으로 n-gram이라고 한다. 앞서 좋은 문법과 그렇지 못한 문법을 나누고 평가하는 바와 같이 이와 같은 전통적인 n-gram 언어모형에도 성능의 평가가 존재한다. 예컨대, (1ㄱ-ㄴ) 각각에 대해서 부여한 확률값이 차이가 클수록 그 n-gram 모형이 더 우수하다고 정리할 수 있다. 과거에는 이상과 같은 과정을 수식으로 구현하여 모형을 비교 평가하기 위해 perplexity와 같은 방식이 널리 사용되었다.

딥러닝 시대에 이르러 이와 같은 언어모형은 괄목할 발전을 거듭하였다. 2018년 이후의 최근에는 어텐션(attention) 아키텍처에 기반한 트랜스포머 모델이 언어모형의 주종을 이루고 있다. 2022년 초 현재 시점에서는 이른바

BERT(Bidirectional Encoder Representations from Transformers) 및 그 유사 변종이 대부분의 언어 인공지능에서 사용되고 있다(BERT 등에 대한 상세 설명은 Devlin(2018) 등을 참조). 이름에서 드러나는 바와 같이 BERT계열은 (i) 양방향 모형이며, (ii) 인코딩을 위한 모형이며, (iii) 트랜스포머를 사용하는 모형이다 즉, 언어표현 연쇄체에 대한 단순 확률식을 사용했던 과거에 비해 모형의 구성이 훨씬 복잡해진 것이다. 또한 언어모형의 사용 대상도 훨씬 다양해졌다. 과거의 n-gram 모형은 형태소 분석이나 철자오류 수정, 광학문자인식(OCR) 등의 한정된 분야에서만 기능하였다. 이에 비해, 파인튜닝(fine tunning) 알고리즘을 사용하는 최신 언어모형은 그 쓰임이 날로 넓어지고 있다. 따라서 그 평가체계 역시 이전보다 더 구조적이고 다층적이어야 한다. 본고는 이러한 트랜스포머 계열 언어모형에 대한 평가체계를 기준으로 논의를 이어간다.

3. 평가체계

딥러닝 기법의 발전에 따라 진일보한 언어모형들이 경쟁적으로 등장하면서 이들 복수의 언어모형을 표준화되고 일원화된 평가 방식에 따라 비교 검증해야 할 필요성이 제기되었다. 이러한 요구에 따라 영어 언어모형의 공통 평가를 위해 나타난 것이 GLUE(Generalized Language Understanding Evaluation)와 그 확장 버전이라 할 수 있는 superGLUE이다(Wang et al., 2018; Wang et al., 2019).[1] 그 이후에도 여러 발전된 평가체계가 제안된 바 있으나,

---

[1]   https://gluebenchmark.com 및 https://super.gluebenchmark.com

지금까지도 위 두 벤치마크(토지를 측량할 때 참고하기 위해 땅에 박는 돌을 뜻함)는 새로운 언어모형이 제안되었을 때 그 기본 성능에 대한 기준 잣대로서 기능한다. 따라서, 이 절은 최초 기준점이라 할 수 있는 GLUE를 중점적으로 개괄한다.

앞서 BERT와 같은 최근의 문맥기반 언어모형은 평가체계가 더 다층적으로 구성되었다고 기술한 바 있다. 여기에서 중요한 점은 언어학의 일반적인 층위를 평가 영역에 반영하였다는 점이다. 언어모형에서 문맥기반이란 하나 이상의 언어표현의 연쇄체, 나아가 문장을 대상으로 하므로 문장 혹은 그 이상의 단위를 다루는 언어학 세부 영역이 대상이 된다. 구체적으로는 통사론, 의미론, 화용론이 평가의 이론적 기반을 제공한다. 이어지는 소절에서 차례로 개괄하기로 한다.

3.1. 주요 평가 영역

GLUE에서 포괄하고 있는 평가항목을 구분하면 크게 아래 [표 1]과 같이 세 부분으로 나눌 수 있다.

[표 1] GLUE test sets

Single-Sentence Tasks	The Corpus of Linguistic Acceptability (CoLA)
	The Stanford Sentiment Treebank (SST-2)
Similarity and Paraphrase Tasks	The Microsoft Research Paraphrase Corpus (MRPC)
	The Quora Question Pairs dataset (QQP)
	The Semantic Textual Similarity Benchmark (STS-B)
Inference Tasks	The Multi-Genre Natural Language Inference Corpus (MNLI)
	The Stanford Question Answering Dataset (QNLI)
	The Recognizing Textual Entailment (RTE)
	The Winograd Schema Challenge (WNLI)

이어지는 소절에서 이들 가운데 언어이론과 연계되는 가장 대표적인 항목을 차례로 설명한다.

3.1.1. 통사 구조

2절에서 정리한 바와 같이 전산언어학에서 말하는 언어모형은 인간의 언어 능력을 모사하는 구성된 의사 문법으로서 기능한다. 그리고 생성언어학의 관점에서 아무리 의사 문법이라고 하더라도 그 첫 번째 역할은 적확한 표현과 그렇지 않은 표현을 구분해 낼 수 있어야 한다는 것이다. 따라서 언어모형 평가에 있어서 가장 첫 번째 평가 지표는 수용가능한(acceptable) 문장과 수용불가한(unacceptable) 문장에 대한 분류(classification) 능력이다. 이러한 목적에서 구축된 평가 데이터세트가 이른바 CoLA(Corpus of Linguistic Acceptability; Warstadt et al., 2019)이다. 이 자원은 크게 인-도메인(in-domain)과 아웃오브-도메인(out-of-domain)으로 양분된다. 전자는 통사구조 일반에 대한 수용성 학습데이터로 염두에 두고 구성된 것으로 대학 통사론 수업에서 사용되는 교과서 및 특정 주제에 대한 저명 논문 총 17종에서 추출한 예문으로 구성되어 있다. 후자는 전자의 10% 크기로 인-도메인 데이터에 포함되지 않았을 것으로 가정되는 통사 연구의 특정 주제에 대한 논문 5편과 핵어중심구구조문법(HPSG) 교과서에서 가져온 예문으로 구성된다. 해당 논문에서 예시로 삼는 구성은 아래와 같다. 통사연구 일반에서 쓰이듯, 비문과 정문을 각기 *과 ✓로 표기하였다.

[표 2] CoLA 임의 예시(Warstadt et al., 2019)

Label	Sentence	Source
*	The more books I ask to whom he will give, the more he reads.	Culicover and Jackendoff(1999)
✓	I said that my father, he was tight as a hoot-owl.	Ross(1967)
✓	The jeweller inscribed the ring with the name.	Levin(1993)
*	many evidence was provided.	Kim and Sells(2008)
✓	They can sing.	Kim and Sells(2008)
✓	The men would have been all working.	Baltin(1982)
*	Who do you think that will question Seamus first?	Carnie(2013)
*	Usually, any lion is majestic.	Dayal(1998)
✓	The gardener planted roses in the garden.	Miller(2002)
✓	I wrote Blair a letter, but I tore it up before I sent it.	Rappaport Hovav and Levin(2008)

CoLA 데이터세트의 한 가지 문제점을 지적할 수 있는 것은 위 예시에서 드러난 바와 같이 데이터의 구성이 반드시 최소대립쌍으로 구성된 것은 아니라는 점이다. 음운론을 비롯한 언어학 일반은 논증의 구성에서 최소대립쌍을 기본 단위로 활용하며, 통사론 연구도 마찬가지이다. CoLA의 경우 통사론 교과서에서 예문을 추출하였기 때문으로 보이나, 최소대립쌍을 근거로 결론을 도출하는 실험통사론의 관점에서 보면 다소 아쉬움이 남는 구성이라고 할 수 있다. 이러한 문제의식에서 최소대립쌍으로만 구성된 평가 데이터세트가 별도로 마련되었는데, 약칭으로 BLiMP(the Benchmark of Linguistic Minimal Pairs for English; Warstadt et al., 2020)라고 칭한다.

3.1.2. 의미 구조

분석 및 논증 방법론에서 통사론과 의미론의 공통점이 있다면, 일견 유사하게 기술되어 있는 둘 혹은 그 이상의 문장들 사이의 관계를 준거로 이론

체계를 형성해 나간다는 것이다. 통사 구조에 대한 분석에서 판단 기준의 역할을 수용성(acceptability)이 수행한다면, 의미 구조에 대한 분석에서 그러한 역할은 진리 조건(truth condition)이 수행한다. 즉, 합성성 원리에 근간한 현대 형식 의미론은 복수의 문장(혹은 표현)이 진리치를 공유하는가 그렇지 않은가를 해석하고 표상하는 연구 분야이다. 이론 의미론 분야에서는 그 판단이 '예/아니오'의 범주적 구분으로 이루어지나, 코퍼스와 확률에 기반한 언어모형에서는 그 판단이 정도(magnitude)로 환원된다. 이러한 기준에서 두 개의 문장이 얼마나 유사한 의미를 표방하는가를 리커트 척도(Likert scale)로 나타내어, 언어모형이 얼마나 사람에 근사하게 그 문장간 유사도를 판별하는가를 평가하는 과제가 있다. 이른바 STS(Semantic Textual Similarity)로 불리는 과제로, 예시는 아래와 같다. 아래에서 각 점수가 5점에 가깝게 높을수록 두 문장이 서로 유사한 의미를 나타낸다는 뜻이다.

[표 3] STS-B 설명과 예시 (Cer et al., 2017)

	The two sentences are completely equivalent, as they mean the same thing.
5	The bird is bathing in the sink.
	Birdie is washing itself in the water basin.
	The two sentences are mostly equivalent, but some unimportant details differ.
4	Two boys on a couch are playing video games.
	Two boys are playing a video game.
	The two sentences are roughly equivalent, but some important information differs/missing.
3	John said he is considered a witness but not a suspect.
	"He is not a suspect anymore." John said.
	The two sentences are not equivalent, but share some details.
2	They flew out of the nest in groups.
	They flew into the nest together.

1	*The two sentences are not equivalent, but are on the same topic.*
	The woman is playing the violin.
	The young lady enjoys listening to the guitar.
0	*The two sentences are completely dissimilar.*
	The black dog is running through the snow.
	A race car driver is driving his car through the mud.

여기에서 유사도(similarity) 측정이라는 개념에 대해서 이해할 필요가 있다. 직관이 없는 컴퓨터가 두 개의 언어표현이 의미적으로 얼마나 근사한가를 계산하는 것은 다소 난해한 개념일 수 있다. 이 계산은 자연어 표현을 벡터공간에 표현한 다음, 벡터 간의 거리 측정을 통해 이루어진다. 자연언어의 현상을 컴퓨터가 이해할 수 있는 수치화된 정보로 구성된 언어모형으로 변환하는 과정을 임베딩(embedding)이라고 한다. 임베딩을 수학적으로 설명하자면 자연언어의 분포를 벡터공간으로 표상하는 방법을 말한다. 벡터공간에서는 두 분포의 거리를 기하학적으로 측정할 수 있고, 그 거리를 두 언어표현의 유사도로 가정한다. 언어모형을 구성하는 목적 자체가 자연언어의 공간표상이라고 할 수 있으므로, STS는 최근 문맥기반 언어모형의 평가와 적용에 있어서 중요한 의의를 지닌다.

3.1.3. 담화 구조

다음으로 중요한 평가항목은 문장과 문장 사이의 함축적 관계를 추론할 수 있는가에 대한 것이다. 이때 더 많은 맥락적 정보를 포함하는 한 문장은 전제(presupposition)로 기능하며, 여기에서 파생된 다른 문장은 가설(hypothesis)로 기능을 한다. 즉, 전제와 가설 사이에 존재하는 어떠한 논리적 관계를 묻는 자연어 추론(Natural Language Inference)이 세 번째 주요 평가 지표이다.

두 문장 사이의 관계는 대체로 표층에 드러나지 않기 때문에, 앞선 두 과제보다 다소 난도가 있다.

　사람은 언어를 사용할 때 통상 '행간의 의미'를 읽을 수 있는 능력을 갖추고 있다. 즉, 언어적으로 다 표현되지 않았다고 하더라도 그 이면에서 작동하는 담화 구조를 '추론'할 수 있다. 컴퓨터는 사람과 같은 인지능력을 갖추고 있지 못한 데다 코퍼스 상에서 표면에 드러난 패턴만을 학습하기 때문에, 원론적으로 언어모형에는 그러한 추론 능력을 기대하기 어렵다. 그러나 문맥에 기반하여 다층적으로 학습을 도모하는 최신에 언어모형은 어느 정도의 추론 능력을 학습할 수 있다는 것이 최근의 연구에서 밝혀졌다(De Marneffe et al. 2019). 구체적으로 말하자면 두 문장이 함의(entailment), 중립(neutral), 모순(contradiction) 가운데 어떠한 상호 관계에 놓이는지를 파악하는 것이다. 진리 조건적으로 말하자면, 함의란 하나의 문장이 참일 때 다른 문장도 참인 관계를 말한다. 모순은 그 반대로 하나가 참일 때 다른 하나는 거짓인 역관계를 말한다. 두 문장이 진리 조건적으로 독립적일 수도 있는데, 이 경우 중립 관계가 된다.

　실제로 자연어 추론 과제는 그 구성에 따라 여러 종류가 있으나, 두 문장 사이의 논리적 관계를 함의와 모순의 연속선상에서 판별한다는 관점에서는 대동소이하다. 대표적인 자연어 추론 과제의 예시를 보면 아래와 같다. 아래에서 E, N, C는 각기 Entailment, Neutral, Contradiction을 나타낸다.

[표 4] MultiNLI 구성과 예시 (Williams et al., 2018)

Met my first girlfriend that way.	FACE-TO-FACE contradiction	I didn't meet my first girlfriend until later.
	C C N C	
8 million in relief in the form of	GOVERNMENT	The 8 million dollars for

emergency housing.	neutral	emergency housing was still not
	N N N N	enough to solve the problem.
Now, as children tend their gardens, they have a new appreciation of their relationship to the land, their cultural heritage, and their community.	LETTERS	All of the children love working in their gardens.
	neutral	
	N N N N	
At 8:34, the Boston Center controller received a third transmission from American 11	9/11	The Boston Center controller got a third transmission from American 11.
	entailment	
	E E E E	

전술한 바와 같이 이상과 같은 평가는 특정 언어모형이 문장과 문장 사이의 논리적 관계를 얼마나 인간에 가깝게 추론할 수 있는가를 평가함을 목적으로 한다. 그러나 때로 평가 데이터의 목적과 인공지능 학습의 주안점이 묘하게 어긋나는 경우가 발생한다. 이런 경우 데이터 편향(bias)으로 인한 인공지능의 과대평가(overestimation)가 발생하게 되는데, 대표적인 사례가 인공주석물(annotation artifacts) 문제이다. 인공주석물은 표본 제작 과정에 투입된 여러 물질이나 기법 때문에 생성된 의도치 않은 부정적 부산물을 지칭한다. 예컨대, 일반적인 지필 시험에서도 시험문제를 출제하는 과정에서 시험 응시자들에게 의도치 않은 힌트가 문제 안에 포함되는 경우가 있다. 마찬가지로 인공지능 학습 및 평가 데이터를 구성하는 과정에서도 출제자의 역할을 하는 주석 작업자가 의도치 않게 인공지능의 학습 과정에 힌트를 제공할 수 있다. 자연어 추론 과제와 관련하여 특히 이러한 인공주석물이 쉽게 생길 수 있는데, 대표적인 사례가 문장의 길이와 특정 어휘의 선택 등이다. 인공주석물에 대한 보다 상세한 설명은 Gururangan et al.(2018) 등을 참조하기 바란다.

3.2. 기타 평가 자원

3.2.1. 자연언어의 편향성

GLUE 등의 자원에는 앞 소절에서 살핀 통사론, 의미론, 화용론 등의 주요 언어학 영역 이외에도 사회언어학적 지식에 해당하는 언어 지식에 대한 평가도 망라되어 있다. 대표적인 것이 인공지능 언어모형이 학습 과정에서 어떠한 성 편향성에 노출되었는가를 가늠하는 과제이다. 평가 문장의 예시는 다음과 같다(Rudinger et al., 2018).

> (2) The **nurse** notified the patient that...
>   ㄱ. **her** shift would be ending in an hour.
>   ㄴ. **his** shift would be ending in an hour.
>   ㄷ. **their** shift would be ending in an hour.
> (3) The nurse notified the **patient** that...
>   ㄱ. **her** blood would be drawn in an hour.
>   ㄴ. **his** blood would be drawn in an hour.
>   ㄷ. **their** blood would be drawn in an hour.

실제로 언어모형이 성별, 성적 취향, 인종 등의 영역에 있어서 어느 정도의 편향성을 보이는지도 최근 몇 년간 괄목할만한 연구가 있었다. 이러한 연구 흐름은 인공지능 특히 자연어처리 분야의 윤리 문제와 밀접한 관련을 지니고 있다. 자연어처리 분야를 선도하는 미국의 일부 대학에서는 이미 인공지능의 윤리 문제를 학제간 연계 교과목으로 개설하여 다루고 있으며, ACL(Association of Computational Linguistics) 등의 국제 학술대회에서도 윤리 문제에 대한 워크숍을 연이어 개최하고 있다(Bender et al., 2020). 향후 언어모형의 평가 지표의 하나로 편향성 측정이 더욱 중요하게 주목받을 전망이다.

3.2.2. 상식

GLUE에서 또 하나 주목할 사항은 세계 지식(world knowledge) 및 상식(common sense)이 고려 대상에 포함되어 있다는 점이다. 즉, 최근 언어모형의 평가대상은 비단 언어내적인 문법(예컨대, 통사-의미)뿐만 아니라 언어로 표현되는 언어외적 요소까지 망라하고 있다. 이는 딥러닝 기반의 최신 언어모형이 n-gram 등으로 대표되는 전통적인 모형에 비해 사용 목적과 대상이 더 포괄적이라는 것을 의미한다. 여기서 상식은 우리가 통상적으로 생각하는 '일반 상식'과는 다소 차이가 있다는 데 주목할 필요가 있다. '일반 상식'은 독서 등을 통해 학습하여 배워야 하는 대상이라면, 인공지능 언어모형이 염두에 두는 상식은 특정 사회의 구성원들이 별도의 교육이나 훈련이 없이도 암묵적으로 공유하고 있는 지식 체계를 말한다. 최근의 언어 인공지능 연구에서는 이러한 상식에 관한 연구가 나날이 증대되고 있다(Zellers et al., 2018; Huang et al., 2019). 이를 위해 인공지능 언어모형이 어느 정도의 상식을 획득하여 이해하고 있는지를 평가하는 자원 역시 구축 및 보고 단계에 있다.

4. 검증 환경

4.1. 검증 자원

대부분의 인공지능 언어모형이 영어를 대상으로 기초를 이루어졌기 때문

에 이를 평가하기 위한 평가자원 역시 영어를 대상으로 한 것이 가장 다수를
이루고 있다. 대표적인 것이 앞 절에서 소개한 GLUE와 그 확장판에 해당하
는 superGLUE이다. 그러나 이들 자원이 일반에게 공개된 이후 이미 몇 년
이 흘렀고 또 그사이에 언어모형의 성능이 더욱 개선되었다. 또한 앞에서
설명한 인공주석물 등의 잠재적 문제점으로 인해, 자칫 언어모형의 성능이
과대포장 되었을 가능성 역시 반복 제기되었다. 이처럼 평가자원을 더 난도
있게 구성할 필요성에 따라 최근에는 이른바 적대적(adversarial) 언어모형
탐침 방법론이 연구되고 있다(Jin et al., 2020; Nie et al., 2020). 이는 평가 모형
에 의도적인 잡음을 섞어 인공지능 언어모형의 견고성을 확인하려는 시도
이다. 이를 통해 사람에게는 매우 쉽지만 반대로 컴퓨터에는 매우 어려운
과제를 생성하여 평가의 품질을 상향 조정함을 목표로 한다.

  영어를 제외한 다른 매개 언어에서도 언어모형은 구축되고 있다. 마찬가
지로 매개 언어별 모형에 대해 고유의 평가자원이 필요하다. 예컨대 프랑스
어를 대상으로 한 FLUE(French Language Understanding Evaluation; Le et al.,
2020) 또는 중국어를 대상으로 한 CLUE(Chinese Language Understanding
Evaluation; Xu et al., 2020) 등이 존재한다. 마찬가지로 한국어를 대상으로 한
평가자원은 민간에서 구축한 KLUE(Korean Language Understanding Evaluation;
Park et al., 2021)와 국립국어원에서 2019년 이래 정부과제의 하나로 구축한
'모두의 말뭉치' 자원이 있다. 2022년 1월 현재 '모두의 말뭉치'를 통해
CoLA에 가까운 '문법성 판단 말뭉치', STS과제를 위한 '유사문장 말뭉치'
및 자연어 추론을 위한 '함의분석 말뭉치' 등이 공개되어 있으며, 앞으로
더 다양한 평가자원이 공개될 예정이다.

  한국어, 프랑스어, 중국어 등의 언어별로 인어모형이 구성된 것과 마찬가
지로, 때로 언어모형은 특정 도메인별로 구성되기도 한다. 대표적인 사례가

의료 자연어처리를 위한 BioWordVec(Zhang et al., 2019) 및 BioBERT(Lee et al., 2019) 등이다. 당연히 이들 자원을 평가하기 위한 별도의 도메인 특화 평가자원도 존재한다. 의료 언어모형을 위한 평가자원으로는 UMNSRS (Pakhomov et al., 2010), MedSTS(Wang et al., 2020) 등을 들 수 있다. 한국어를 대상으로 한 의료 자연어처리는 아직 태동기로서 연구가 많이 축적된 상태는 아니다. 현재 이용 가능한 한국어 의료 언어모형 평가자원으로는 Yum et al.(2021) 등이 있다.

4.2. 검증 라이브러리

복수의 언어모형을 일관된 기준으로 평가하여 상호 비교하기 위해서는 공통된 평가 자료가 우선 필요하겠으나 더하여 공통된 평가 지표와 이를 계산해 내기 위한 공통된 소스 코드가 필요하다. 이러한 필요로 구현된 라이브러리가 이른바 jiant(Pruksachatkun et al., 2020)이다. 이는 자연어처리 연구를 위한 소프트웨어 도구모음(toolkit)으로, 문장 이해(sentence understanding)에 특화된 멀티태스킹 및 전이 학습을 지원한다. GLUE, superGLE 등의 벤치마크와 호환이 완벽하고 파이토치 기반으로 구현되어 확장성이 비교적 좋은 편이다.

복수의 작업자가 공통으로 사용할 수 있는 검증용 라이브러리가 공개되어 있다는 것은 큰 장점이 된다. 언어모형을 새롭게 구성하려는 초심자에게는 평가에 대한 진입장벽을 대폭으로 낮추는 역할을 한다. 동시에, 평가의 과정을 표준화한다는 점에서 결과의 신뢰성을 보장하는 역할도 수행한다.

5. 언어학의 기여

미국언어학회(Linguistic Society of America)에서 발행하는 "Language"는 언어학 분야의 저명한 국제학술지로서 100년에 가까운 역사를 관통하여 언어이론을 정교하게 다루어 왔다. 그러한 이론언어학의 전통과는 일면 다르게 Language는 2019년 생성언어학과 딥러닝의 관계와 협력에 대한 특집호를 발행하였다. 이 특집호(95권 1호)는 언어학 일반이 인공지능 기술의 발전을 마냥 무시할 수는 없다는 현실적 상황을 방증한다. 동시에 딥러닝 시대에 이르러 언어학에 요구되는 새로운 역할이 무엇인지를 깊이 궁리하였다는 점에서 상징성을 지닌다.

해당 특집호의 기조 논문인 Pater(2019)는 생성언어학과 신경망은 1957년 같은 해에 소개된 이래 인지과학의 역사에서 중요한 두 축으로서 기능을 해왔다는 점에서 논의를 시작한다. 그 연장선에서 Pater는 그 두 영역을 통합(integration)될 수 있고 또 통합되어야 하는 영역으로 간주하고, 따라서 생성언어학 자체의 지속적 발전을 위해서라도 앞으로 딥러닝 기술에 대한 적극적 접근을 강조한다.

물론 이상과 같은 견해에 대해서 반론이 없는 것은 아니다. 같은 특별호에 게재된 Rawski & Heinz(2019)와 Dunbar(2019)는 이론언어학과 딥러닝의 건설적 관계에 대해서 다소 부정적인 견해를 취하였다. 먼저 Rawski & Heinz는 딥러닝의 학습 단계에서 자연발생적으로 수반되는 데이터 편향으로 인해 생성언어학과 딥러닝의 결합이 쉽지 않을 것이라고 내다보았다. 비슷한 맥락에서 Dunbar는 언어학에서 사용하는 범주적 표상과 딥러닝에서 사용하는 수치적 표상 사이에는 간극이 크기 때문에 이들의 간극을 줄이기가 쉽지 않다고 주장한다. 이상과 같은 비판에도 불구하고 언어학이 딥러닝에 뚜렷하게 기여할 수 있는 바가 있다면, 흔히 블랙박스라고 표현되는 딥러닝 작동 방식에 대해 해석가능성을 높여줄 수 있다는 것이다(McCoy et al., 2018; Pearl, 2019).

딥러닝의 해석가능성 제고를 위해 언어학이 딥러닝에 기여할 수 있는 구체적 각론은 Linzen(2019)에서 제시되어 있다. 첫째, 언어학은 딥러닝 시스템의 성능을 측정하기 위한 척도(yardstick)를 제공할 수 있다. 둘째, 언어학은 인간의 언어능력을 모사하기 위한 딥러닝 실험의 방법론을 고도화할 수 있다. 지금까지 본고에서 설명한 딥러닝 기반 언어모형의 평가도 이러한 맥락에서 수립되고 시행되어 온 것이다. 3절에서 기술된 바와 현대 생성문법의 주요 꼭지, 통사-의미-화용의 계층별 이론언어학적 체계, 사회언어학이나 세계지식과 같은 언어사용과 관련된 분석틀 등이 언어모형 평가에 복합적으로 적용되고 있다. 언어이론에서 다룬 체계를 응용하지 않는다면, 평가의 갈래와 준거가 신뢰성과 유효성을 얻기 어렵기 때문이다.

언어학이 딥러닝에 기여할 수 있는 바는 비단 언어모형 평가에만 국한하는 것이 아니라 언어모형의 구축에도 있다. 인간의 언어는 합성성의 원리(principle of compositionality)에 따라 구현이 된다. 즉, 부분-부분을 조합하여 전체 의미를 구성할 수 있는 것이 인간의 언어능력이 가진 중요한 특성이다. 이러한 특성은 인간이 언어를 습득하는 과정에서도 나타나는데, 흔히 '자극의 빈곤(poverty of stimulus)'이라고 한다. 인간이 아동기 언어를 학습하는 과정에서 모든 문형과 모든 언어적 제약을 완전하게 접하고 나서 모국어 능력을 형성하는 것이 아니다. 외부적인 자극의 절대량이 그렇게 크지 않더라도 인간이 모국어를 습득하는 데 큰 무리가 없는 것은 상기한 합성성 원리 때문이다. 그러나 딥러닝이 언어모형을 구성하는 방식은 이와는 상당한 차이가 있다(McCoy et al., 2018). 딥러닝 학습은 애초에 자극이 빈곤하면 학습을 원

활히 수행할 수 없는 구조이다. 최근 구축되는 언어모형은 대체로 초거대 말뭉치를 사용하는데, 결과적으로 이는 언어모형 구축에 요구되는 비용과 시간, 노력을 크게 증대시키는 결과를 초래한다.

따라서 언어모형에 필요한 학습데이터를 구축하는 단계에서도 언어학적 지식이 중요하게 작용할 수 있다. 초거대 말뭉치가 아니더라도 인간의 언어 습득 능력을 모방하여 더 능동적인 언어모형을 구축하는 것이 이론적으로 가능하기 때문이다.[2] 최근에는 이러한 가정을 초기 단계에서 실험으로 검증한 연구가 등장한 바 있다. Parrish et al.(2021)에서는 자연어처리 인공지능의 학습데이터를 구축하는 단계에서 언어학자의 적극적 개입이 성능 개선에 어떻게 이바지할 수 있는지를 산술적으로 측정하였다. 그 결과 저자들은 전체적인 데이터의 신뢰도 및 정확도는 상승함을 확인하였으나, 일반적인 맥락에서 언어학자의 개입이 성능 개선에 크게 이바지한다는 결론에는 이르지 못하였다.

정리하자면 언어학자가 딥러닝 시대에 할 수 있는 역할 그리고 해야 할 역할이 무엇인지는 아직 분명하지 않다. 그러나 적어도 언어학적 지식이 언어모형의 평가에 있어서 방향 설정의 준거점 역할을 해오고 있는 것은 분명한 사실이다. 평가체계의 고도화와 전문화를 염두에 둔다면 언어학자들이 더 적극적으로 참여를 시도해야 할 시기가 도래하였다고 판단한다. 그리고 동시에 언어모형의 구축을 위해서도 언어학자가 스스로 기여할 수 있는 바를 입증하여야 할 상황이라고 제언한다.

---

2   이와 유사한 주장은 서울대학교 박진호 교수님의 언론 인터뷰를 통해서도 제시된 바 있다.("언어학자는 초거대 AI 개발 비용 줄이는 법을 알고 있다", http://www.aitimes.com/news/articleView.html?idxno=141369)

6. 맺으며

Pater(2019)의 지적처럼 1957년 생성문법의 뿌리가 제안된 이래 언어학은 딥러닝 시대를 맞이하여 새로운 전기를 맞고 있다. 딥러닝과 연계하여 언어학이 어떠한 시너지 효과를 낼 수 있는지는 아직 밝혀야 할 점이 많은 것은 물론 사실이다. 그러나 최근 몇 년만큼 언어학이 그 학문적 성격으로 주목을 받아온 적은 생성문법의 역사에서 아마도 처음일 것이다. 무엇보다 인공지능이 보편화된 시대에 언어학이 구체적인 이바지를 할 수 있을 것이라는 기대와 그에 부응하는 움직임이 있기 때문일 것이다. 필자는 언어학을 자연언어 구조와 제약을 입증하는 학문이라고 생각한다. 마찬가지로 언어학은 이제 미래 시대에 스스로 효용가치를 입증하여야 할 위치에 있다고 생각한다.

인공지능의 개발과 발전에 언어학이 이바지할 수 있는 영역으로 현재까지 가장 구체적으로 입증된 항목은 인공지능 성능에 대한 설명가능성 제시이다. 2022년 현재 언어학은 언어모형 평가의 방향과 척도를 규정하고 있다. 이를 통해 언어학은 인공지능이 언어를 보다 인간에 가깝게 이해하고 산출할 수 있도록 도약 디딤판을 마련할 것이라 생각한다.

참고문헌

Bender, E. M., Hovy, D., and Schofield, A. (2020), "Integrating ethics into the NLP curriculum," In *Proceedings of the 58th Annual Meeting of the Association for Computational Linguistics.*

Cer, D., Diab, M., Agirre, E., Lopez-Gazpio, I., and Specia, L. (2017), "Semeval-2017 task 1: Semantic textual similarity-multilingual and cross-lingual focused evaluation," *arXiv preprint* arXiv:1708.00055.

De Marneffe, M-C., Simons, M. and Tonhauser, J. (2019), "The commitmentbank: Investigating projection in naturally occurring discourse," In Proceedings of Sinn und Bedeutung. Vol. 23. No. 2.

Devlin, J., Chang, M. W., Lee, K., and Toutanova, K. (2018), "Bert: Pre-training of deep bidirectional transformers for language understanding," *arXiv preprint* arXiv:1810.04805.

Dunbar, E. (2019), "Generative grammar, neural networks, and the implementational mapping problem: Response to Pater," *Language* 95.1, e87-e98.

Gururangan, S., Swayamdipta, S., Levy, O., Schwartz, R., Bowman, S. R., and Smith, N. A. (2018), "Annotation artifacts in natural language inference data," *arXiv preprint* arXiv:1803.02324.

Huang, L., Bras, R. L., Bhagavatula, C., and Choi, Y. (2019), "COSMOS QA: Machine reading comprehension with contextual commonsense reasoning," *arXiv preprint* arXiv:1909.00277.

Jin, D., Jin, Z., Zhou, J. T., and Szolovits, P. (2020), "Is BERT really robust? a strong baseline for natural language attack on text classification and entailment," In *Proceedings of the AAAI conference on artificial intelligence.*

Koehn, P. (2009), Statistical Machine Translation, Cambridge, UK: Cambridge University Press.

Le, H., Vial, L., Frej, J., Segonne, V., Coavoux, M., Lecouteux, B., Allauzen, A., Crabbé, B., Besacier, L., and Schwab, D. (2019), FlauBERT: Unsupervised language model pre-training for french. *arXiv preprint* arXiv:1912.05372.

Lee, J., Yoon, W., Kim, S., Kim, D., Kim, S., So, C. H., and Kang, J. (2020), "BioBERT: a pre-trained biomedical language representation model for biomedical text mining," *Bioinformatics* 36.4, 1234–1240.

Linzen, T. (2019), "What can linguistics and deep learning contribute to each other? Response to Pater," *Language* 95.1, e99–e108.

McCoy, R. T., Frank, R., and Linzen, T. (2018), "Revisiting the poverty of the stimulus: Hierarchical generalization without a hierarchical bias in recurrent neural networks," In *Proceedings of the 40th annual conference of the Cognitive Science Society.*

Nie, Y., Williams, A., Dinan, E., Bansal, M., Weston, J., & Kiela, D. (2019), "Adversarial NLI: A new benchmark for natural language understanding," *arXiv preprint* arXiv:1910.14599.

Pakhomov, S., McInnes, B., Adam, T., Liu, Y., Pedersen, T., and Melton, G. B. (2010), "Semantic similarity and relatedness between clinical terms: an experimental study", In *AMIA annual symposium proceedings.*

Park, S., Moon, J., Kim, S., Cho, W. I., Han, J., Park, J., Song, C., Kim, J., Song, Y., Oh, T., Lee, J., Oh, J., Lyu, S., Jeong, Y., Lee, I., Seo, S., Lee, D., Kim, H., Lee, M., Jang, S., Do, S., Kim, S., Lim, K., Lee, J., Park, K., Shin, J., Kim, S., Park, L., Oh, A., Ha, J.-W., and Cho, K. (2021), "KLUE: Korean Language Understanding Evaluation," *arXiv preprint* arXiv:2105.09680.

Parrish, A., Huang, W., Agha, O., Lee, S. H., Nangia, N., Warstadt, A., Aggarwal, K., Allaway, E., Linzen, T., & Bowman, S. R. (2021), "Does Putting a Linguist in the Loop Improve NLU Data Collection?," In *Findings of the Association for Computational Linguistics: EMNLP 2021.*

Pater, J. (2019), "Generative linguistics and neural networks at 60: Foundation, friction, and fusion," *Language* 95.1, e41–e74.

Pearl, L. S. (2019), "Fusion is great, and interpretable fusion could be exciting for theory generation: Response to Pater," *Language* 95.1, e109–e114.

Pruksachatkun, Y., Yeres, P., Liu, H., Phang, J., Htut, P. M., Wang, A., Tenney, I., and Bowman, S. R. (2020), "jiant: A software toolkit for research on general-purpose text understanding models," *arXiv preprint* arXiv:2003.02249.

Rawski, J., and Heinz, J. (2019), "No free lunch in linguistics or machine learning: Response to pater," *Language* 95.1, e125-e135.

Rudinger, R., Naradowsky, J., Leonard, B., and Van Durme, B. (2018), "Gender bias in coreference resolution," In *Proceedings of the 2018 Conference of the North American Chapter of the Association for Computational Linguistics: Human Language Technologies.*

Wang, A., Pruksachatkun, Y., Nangia, N., Singh, A., Michael, J., Hill, F., Levy, O., and Bowman, S. R. (2019), "Superglue: A stickier benchmark for general-purpose language understanding systems analysis," *arXiv preprint* arXiv:1905. 00537.

Wang, A., Singh, A., Michael, J., Hill, F., Levy, O., and Bowman, S. R. (2018), "GLUE: A multi-task benchmark and analysis platform for natural language understanding," *arXiv preprint* arXiv:1804.07461.

Wang, Y., Afzal, N., Fu, S., Wang, L., Shen, F., Rastegar-Mojarad, M., and Liu, H. (2020), "MedSTS: a resource for clinical semantic textual similarity," *Language Resources and Evaluation* 54.1, 57-72.

Warstadt, A., Singh, A., and Bowman, S. R. (2019), "Neural network acceptability judgments," *Transactions of the Association for Computational Linguistics* 7, 625-641.

Williams, A., Nangia, N., and Bowman, S. R. (2017), "A broad-coverage challenge corpus for sentence understanding through inference," *arXiv preprint* arXiv: 1704.05426.

Xu, L., Hu, H., Zhang, X., Li, L., Cao, C., Li, Y., Xu, Y., Sun, K., Yu, D., Yu, C., Tian, Y., Dong, Q., Liu, W., Shi, B., Cui, Y., Li, J., Zeng, J., Wang, R., Xie, W., Li, Y., Patterson, Y., Tian, Z., Zhang, Y., Zhou, H., Liu, S., Zhao, Z., Zhao, Q., Yue, C., Zhang, X., Yang, Z., Richardson, K., and Lan, Z. (2020), "CLUE: A chinese language understanding evaluation benchmark," In *Proceedings of the 28th International Conference on Computational Linguistics*, 4762-4772.

Yum, Y., Lee, J. M., Jang, M. J., Kim, Y., Kim, J. H., Kim, S., Shin, U., Song,

S., and Joo, H. J. (2021), "A Word Pair Dataset for Semantic Similarity and Relatedness in Korean Medical Vocabulary: Reference Development and Validation," *JMIR Medical Informatics* 9.6, e29667.

Zellers, R., Bisk, Y., Schwartz, R., and Choi, Y. (2018), "SWAG: A large-scale adversarial dataset for grounded commonsense inference," *arXiv preprint* arXiv:1808.05326.

Zhang, Y., Chen, Q., Yang, Z., Lin, H., and Lu, Z. (2019), "BioWordVec, improving biomedical word embeddings with subword information and MeSH," *Scientific data* 6, 1-9.

주석 말뭉치의 현황과 전망
—감성 분석 말뭉치를 중심으로

김한샘

1. 머리말

 언어 처리의 기술이 인공지능 기반으로 전환되면서 다양한 형태의 언어 유형이 생겨나게 되었다. 인간과 컴퓨터만이 소통의 주체였던 과거와 달리 인간을 모사한 컴퓨터, 컴퓨터로 만들어낸 인간인 인공지능이 제3의 소통 주체가 되면서 인공지능의 언어 이해와 생성, 인간과 인공지능의 교류 과정에서 산출되는 새로운 양식의 언어를 인정하고 연구해야 할 필요성이 대두되었다. 언어 처리 분야에서 꾸준히 구축되어 왔던 주석 말뭉치도 인공지능의 언어 능력 향상과 평가를 위해 지속적으로 공급되어야 할 학습 자료로서 중요성이 인정되며, 해결해야 할 과제별로 세분화된 말뭉치가 양적, 질적 관점에서 꾸준히 발전하고 있다. 말뭉치의 주석은 언어학적인 정보에 대한 기본적인 주석과 언어 처리 과제에 의존적인 과제 해결 중심 주석으로 나누어 볼 수 있는데, 언어 처리 과제의 대상이 언어로 표현된 자료이기 때문에 언어학적인 주석이 과제 해결 중심 주석의 전 단계에서 이루어지거나 과제 해결 중심 주석 시 언어학적 정보를 고려해야 하는 경우가 대부분이다.

과제 해결 중심 주석이 필요한 언어 처리 분야 중 실질적인 활용도가 높고 적용 범위가 넓은 것 중 하나가 감성 분석(Sentiment Analysis)이다. 사회 현상 분석, 투자 전략 수립, 상품의 마케팅, 서비스 개선, 평판 조사 등 목적이 실용적이며 현재성이 중요한 과제이다. 감성 분석이 보편적이면서도 중요한 과제로 여겨지는 것은 해당 분야 전문가의 이론적 지식과 경험에 기반한 판단에 의존하던 연역적 방식에서 인간이 생산한 언어 표현을 통해 경제적 이익을 창출할 대상으로서의 인간의 내면을 분석하여 현재의 상황을 파악하고 미래의 행위를 예측하는 귀납적인 방식으로 의사 결정 방식의 전환이 가능하게 되었기 때문이다. 특정 주제에 대한 인간의 감성을 도출하기 위한 방법으로 직접적인 질문을 던지는 설문이나 전문가 심층 인터뷰를 진행할 수도 있지만 객관적인 근거를 감성 분석을 통해 얻을 수 있다. 조선희 외(2021)에서 언급한 바와 같이 감성 분석 분야에서 더 세분화된 감성을 파악하는 속성 기반 감성 분석이 발전하고 있으며, 이를 위한 새로운 데이터를 제시하는 연구들이 Jiang *et al.*(2019), Xing *et al.*(2020), Orbach *et al.*(2020) 등에서 제시되고 있다.

이 논문은 인공지능을 위해 가공된 준자연언어로서의 주석 말뭉치의 개념과 의의를 확인하고 활용도가 높은 감성 분석 과제에 한정하여 감성 주석 말뭉치의 주석 대상과 주석의 유형을 사례 중심으로 살펴보는 것을 목적으로 한다.

2. 인공지능 시대의 주석 말뭉치

2.1. 인공지능과 준자연언어

언어 처리 분야에서 특정한 과제를 수행하기 위해서 구축하는 주석 말뭉치는 준자연언어(Semi-natural language)에 해당한다. 전통적으로 언어를 인간 간의 소통을 위한 자연언어와 인간과 기계의 소통을 위한 프로그래밍 언어인 인공언어로 이분하여 나누었다면, 언어 처리 기술이 발전하고 인공지능(AI)의 존재가 출현하면서 인간의 자연언어는 AI와의 관계 속에서 또 다른 유형의 언어인 준자연언어로 파생되었다. 이때 준자연언어는 인간을 모사한 기계인 인공지능이라는 제3의 존재와 관련해 인간 언어의 특성이 상대적으로 약화된 것을 의미한다.

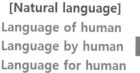
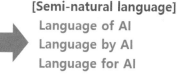

[Natural language]
Language of human
Language by human
Language for human

[Semi-natural language]
Language of AI
Language by AI
Language for AI

인간의 언어를 두뇌에서 동작하는 인간의 언어 처리 메커니즘, 인간에 의한 언어를 인간에 의해 산출된 언어, 인간을 위한 언어를 인간의 언어 학습을 위한 수단으로서의 언어라 할 때, 인공지능의 언어, 인공지능에 의한 언어, 인공지능의 언어는 인공지능 내부의 프로세싱 메커니즘, 인공지능에 의한 언어는 인공지능 애플리케이션의 결과로 도출된 부자연스러운 인간

모사 언어, 인공지능을 위한 언어는 인공지능의 효율적인 학습을 위해 인간의 언어를 가공한 언어라 할 수 있다. 준자연언어의 세부 유형을 이미지[1]와 함께 설명하면 다음과 같다.

[그림 1] 인공지능의 언어로서의 준자연언어

[그림 1]의 오른쪽에 해당하는 '인공지능의 언어'는 인간의 뇌구조를 흉내낸 인공신경망 모델의 정보 처리 과정을 의미한다. 어떤 과정을 통해서 결과가 도출되었는지, 인공지능의 언어가 어떻게 운용되는지 해석하기 위해서 설명 가능한 인공지능(XAI: Explainable Artificial Intelligence) 연구가 필요하다. 이러한 인공지능의 물리적 작용에 대한 연구는 기본적으로 공학 분야의 영역이었으나 최근 들어 신경망 모델에 대한 공학적 접근만이 아니라 지식 베이스를 증강하고 통합하는 과정에서 생긴 노이즈를 최소화하여 지식 베이스와 신경망 모델을 결합한 뉴로심볼릭 모델 기반의 인공지능 연구의

---

1   준자연언어의 개념과 유형을 설명하기 위한 그림 1~3은 성균관대 '디지털 전환과 미래 한국 인문학' 학술대회(2019.12.13~14.) 주최측의 허가를 받아 학술대회 포스터의 이미지를 밑그림으로 활용하여 그린 것임.

필요성이 대두되면서 언어학 전문가가 개입할 필요성 또한 논의되고 있다.

[그림 2] 인공지능에 의한 언어로서의 준자연언어

[그림 2]로 나타낸 것은 인공지능 애플리케이션의 결과로 도출되는, 인간의 언어도 기계의 언어도 아닌 인간의 언어를 모사한 기계의 언어이다. 인공지능 기술이 발전하여 언어지능이 높아질수록 이 유형의 준자연언어는 점차 인간의 자연언어에 가깝게 접근하게 되어 특정 영역에서는 인간의 언어보다 더 정확도가 높아지게 된다. 인공지능 애플리케이션이 일상 곳곳에서 활용되면서 인공지능에 의해 산출된 언어의 다양한 모습을 실제로 접할 수 있게 되었으며 인간의 자연언어와 인공지능 언어의 소통 또한 흔한 풍경이 되었다.

언어 매체를 기준으로 문어에 해당하는 준자연언어의 대표적인 형태는 기계번역기의 산출물로서의 번역문이다. 규칙 기반, 예제 기반, 통계 기반 방식을 거쳐 신경망 기반 기계 번역 방식에 이르면서 번역문의 질이 매우 높아졌으나 빈도가 낮거나 중의성이 높은 표현을 포함한 자연언어로서의 출발 언어 기계 번역 결과는 자연언어라고 보기 힘든 도착언어의 준자연언어로 도출된다. 구어의 경우 TTS(Text to Speech) 혹은 STT(Speech to text)와 같은 텍스트와 음성의 변환 과정에서 음성 자체 혹은 음성의 전사 자료로서의 준자연언어가 생성된다.

인공지능 스피커에서 흘러나오는 인공지능의 어색한 발화에 적응하다 보면 내용과 형식의 면에서 인간 간의 소통과 다른 자연언어와 준자연언어의 공존을 경험하게 된다. 이러한 공존을 통해서 인간의 언어가 인공지능과의 소통을 위해 변화하기도 한다. 인공지능과의 소통 편리성을 위해 최소의 노력으로 최대의 효과를 거두려는 방향으로 언어를 생성하게 된다. 아직까지 완성도가 높지 않은 인공지능 언어의 단점을 인간이 적극적으로 보완하는 방향이다. 인간의 소통에서 원하는 답이 나오지 않았을 때에 재질문의 방식이 내용을 반복하거나 발화의 크기, 속도 등을 조정하는 형식의 변경인 반면 인공지능과의 소통에서는 스키마가 없는 인공지능에 추가 정보를 제공하기 위해 발화의 내용 자체를 변경하게 된다. 김은영(2019)에서는 텍스트 질의와 음성 질의의 차이를 분석하고 음성 검색 최적화에 대해 논의하였다. 인공지능과의 소통을 위한 인간의 언어 변화는 그 자체로 인정되기도 하지만 언어 공해라고 부정적으로 해석할 수도 있고 언어 진화라는 긍정적인 관점으로 바라볼 수도 있다.

분명한 것은 아직까지 인공지능에 의해 산출된 준자연언어의 완성도는 인간이 만족할 만한 수준에 이르지 못하였다는 것이다. 이러한 인간의 자연언어와 인공지능의 준자연언어의 간극을 좁히기 위해서 마지막 유형의 준자연언어가 중요한 역할을 한다.

[그림 3] 인공지능을 위한 언어로서의 준자연언어

[그림 3]의 화살표와 같이 인간의 언어 프로세싱을 기계에 학습시키기 위해서 인간의 언어를 AI가 다루기 쉬운 형태로 변환한 것이 준자연언어의 마지막 유형이다. 인간이 효율적인 언어 학습을 위해 실제 언어생활에서 사용하지 않는 문장을 교수·학습 현장에서 생성하여 교육에 활용하는 것처럼 인공지능의 언어 처리 능력 향상을 위해 학습에 최적화된 변형된 언어 자원을 구축, 활용하게 된다. 이 유형의 준자연언어는 컴퓨터로 언어를 처리하기 시작한 이후 지속적으로 구축해 온 언어 자원으로서 자연언어를 분할, 제거, 복원, 주석 등의 과정을 거쳐 가공된 인위적인 언어이다.

언어 처리에서 분할은 언어학적인 단위를 고려한 것과 그렇지 않은 것의 두 부류로 나눌 수 있다. 텍스트의 요약 등을 위해 담화 구조를 단위로 텍스트를 분할하고, 통사의미 구조를 분석하기 위해 단락을 문장으로 분할하고, 언어 처리의 기본 단위를 설정하기 위해 단어와 형태소를 정의하고 분할하는 노력은 언어학적인 단위를 고려하여 이루어져 왔다. 한편 주로 물리적인 공백을 기준으로 분할되는 엔그램(n-gram), 자연어 이해의 전처리 단계에 적용하는 통계적인 사전 단위인 서브워드 등의 개념은 언어학적 단위와의 관련성이 상대적으로 떨어진다. 서브워드로 분절하는 방식 중 하나인 워드피스는 고빈도의 분할된 문자열 위주로 단위를 부여해 단위 항목의 수를 최소화하는 방식으로, 언어학적 형식 및 분류 체계와 일관되게 일치하지 않는다.

제거와 복원은 특히 구어 처리에서 중요하다. 문어 텍스트 대비 언어의 이해와 생성 난도를 높이는 요소의 첨가와 누락이 각각 언어 처리를 위한 가공된 준자연언어의 생성에 제거와 복원이라는 과정을 필요로 한다. 담화 표지, 수정 표현, 반복 표현, 삽입 표현 등 구어 자연언어에서의 비유창성 요소는 발화의 구조를 파악하는 구문 분석에 있어 방해가 된다. 문장 성분 생략과 도치가 자유로운 문법 체계를 가진 한국어의 처리에서 생략 복원은 중요한 주제 중 하나이다. 인공지능을 위해 가공된 준자연언어의 마지막 세부 유형은 주석이다. 자연언어의 원시 텍스트에 존재하지 않던 정보를 부착하는 과정에서 자연언어는 변형의 과정을 거치게 된다.

(1) ㄱ. 선정/경기/ㅆ습니다/ㅆ던/ㅁ은

　　ㄱ'. 서ㄴ저ㅇ/겨ㅇ기/ㅆ스ㅂ니다/ㅆ더ㄴ/ㅁ으ㄴ

　　ㄴ. 뭐 그럼 저녁 저녁은 뭐가 좋으려나?

　　ㄴ'. 그럼 저녁은 뭐가 좋으려나?

　　ㄷ. 넬슨 롤리랄라 만델라는 남아프리카 공화국에서 평등 선거 실시 후 뽑힌 세계 최초의 흑인 대통령이다. 대통령으로 당선되기 전에 그는, 아프리카 민족회의의 지도자로서 반아파르트헤이트운동 즉, 남아공 옛 백인정권의 인종차별에 맞선 투쟁을 지도했다.

　　ㄷ'. <+1>넬슨 롤리랄라 만델라<-1>는 남아프리카 공화국에서 평등 선거

실시 후 뽑힌 세계 최초의 흑인 대통령이다. 대통령으로 [1/s] 당선되기 전에 그는, 아프리카 민족회의의 지도자로서 반아파르트헤이트운동 즉, 남아공 옛 백인정권의 인종차별에 맞선 투쟁을 [1/s] 지도했다.

 ㄹ. 남아공/NNP 옛/MM 백인/NNG+정권/NNG+의/JKG 인종/NNG +차별/NNG+에/JKB 맞서/VV+ㄴ/ETM 투쟁/NNG+을/JKO 지도/NNG+하/XSV+었/EP+다/EF+./SF

(1ㄱ')은 어수경 외(2021)에서 제안한 한국어의 음절 중 종성을 분리한 서브워드의 예이다. 자연언어인 (1ㄱ)의 문자열들을 기계번역의 효율을 위해 분할한 결과이다. (1ㄴ)은 박석원 외(2019)에서 구어 구문 분석을 위해 비유창성 요소를 제거한 결과이다. 실제 발화는 (1ㄴ)과 같지만 구문 분석 연구를 위해 구조의 분석에 방해가 되는 항목을 의도적으로 제거하였다. 반대로 황민국 외(2015)의 예인 (1ㄷ')은 질의응답, 대화처리 등의 분야에서 문장의 구조와 정보를 파악하기 위해 (1ㄷ)의 자연언어에는 없던 생략된 주어를 인위적으로 복원하고 [1/s]의 표지를 주어 어떤 정보가 생략되었는지에 대한 정보를 부여하였다. (1ㄷ)의 마지막 부분을 형태 분석하면 (1ㄹ)과 같다. 개체명 인식, 정보 검색 등의 언어 처리 전 단계로서 필수적인 형태 분석 과정에서 자연언어는 활용 목적에 따른 세밀도로 분할되고 분할된 토큰은 원형과 대표형을 살린 형태로 변환하여 표현된다. 준자연언어의 개념과 범위에 대해서 다양한 관점이 가능하지만 이 논문에서 주석 말뭉치를 포함한 가공된 자연언어를 준자연언어의 세부 유형으로 본 것은 (1)의 예와 같이 인간이 생성한 자연언어의 특성을 인위적으로 변형하고 약화시킨 언어 자료이기 때문이다.

2.2. 인공지능 학습을 위한 주석 말뭉치

언어 처리의 기술이 발전하면서 주석이 부착되면서 변형된 준자연언어, 주석 말뭉치의 기술적 적용은 규모(Volume), 동질성(Homogeneity), 정확성 (Accuracy) 등의 자질에 따라 다른 양상을 보이게 되었다. 지도 학습 방식의 기술을 적용할 때 필요한 언어 자원은 학습 및 평가 데이터로서의 정확성 높은 주석 말뭉치였다. 비지도 학습 방식 적용 초기에는 대량의 비주석 말뭉치를 학습하고 소량의 정확성 높은 동질적 주석 말뭉치로 평가하는 방식으로 전환되었다. 트랜스포머, 특히 BERT(Bidirectional Encoder Representations from Transformers) 이후에는 초대량의 비주석 말뭉치를 학습하고 평가는 초소량의 정확성 높은 주석 말뭉치를 과제 독립적으로 활용할 수 있게 되었다.

학습용의 초대규모 말뭉치들이 등장하면서 주석 말뭉치의 필요성이 줄어든 것은 사실이지만 목표 과제의 유형별로, 도메인별로, 구체적인 산물인 애플리케이션별로 더 세부적인 주석 체계를 갖는 말뭉치는 여전히 중요한 위치를 차지하고 있다. 이때 주석의 질과 양은 자연어 처리 결과의 정확도, 다시 말해 인공지능이 구사하는 언어와 인간 언어의 유사도를 높이는 데에 기여하게 된다. 초대규모 말뭉치와 기술의 발전으로 특정한 언어 처리를 수행하기 위해 필요한 말뭉치의 동질성은 상대적으로 중요도가 떨어지게 되었다. 기술이 고도화될수록 언어 처리 과정에서 학습, 개발, 평가용으로 활용되는 말뭉치의 유형의 동질성을 유지할 필요성이 낮아지게 되었고, Gu et al.(2019), Wang et al.(2019) 등에서 이질적인 말뭉치를 활용한 언어 처리의 가능성도 제시되었다. 예를 들면, 한국어와 중국어 간의 자동 번역을 위해 필요했던 한국어-중국어 병렬 말뭉치 대신에 한국어-영어 병렬 말뭉치와 영어 중국어 병렬 말뭉치가 활용된다. 한국어의 구문 분석을 시도할 때

영어 구문 분석 말뭉치와 영어-한국어 병렬 말뭉치가 한국어 구문 분석 말
뭉치의 역할을 대체할 수도 있다.

주석 말뭉치는 언어 이해를 위한 언어학적 층위에 따른 과제와 해결하고
자 하는 기술적 과제의 유형에 따라 다양하게 구축되어 왔다. 일반적으로
언어학적 층위에 따른 과제는 기술적 과제 해결의 기초가 된다. 형태 분석,
구문 분석, 의미역 분석, 담화 분석 등의 언어학적 분석을 위한 주석 말뭉치
가 언어 단위별로 전수를 대상으로 주석 표지를 부착하는 것과 달리 감성
분석, 질의 응답, 문서 요약, 기계 독해 등의 기술적 과제 해결을 위한 주석
말뭉치는 해당 과제의 해결과 관련이 되는 부분을 탐지하고 적절한 주석
표지를 부착하여 구축한다. 언어학의 세부 분야인 형태론, 통사론, 의미론,
화용론 등과 직결되는 형태 주석 말뭉치, 구문 주석 말뭉치, 의미역 주석
말뭉치, 담화 주석 말뭉치는 해당 언어의 언어학 층위별 특성 연구와 이를
언어공학의 차원에서 자동적으로 분석하기 위한 기술적 연구에 범용적으로
활용된다. 이에 언어학 전문가들이 주석 표지 체계 연구 및 실제 구축에
적극적으로 참여하고 이를 언어공학 분야에서 활용하는 것이 일반적이다.

응용 애플리케이션 개발과 직결되는 과제와 관련한 주석 말뭉치는 실제
기술 개발에 활용하려면 규모를 어느 정도 이상 확보해야 하고 주석 표지
부착 시의 전문성에 대한 중요도가 상대적으로 낮게 여겨지기 때문에 기업
이나 정부 기관에서 크라우드 소싱 방식으로 구축하는 경우가 많다. 그러나
특정 과제 관련 부분의 탐지를 위한 판단 기준 설정과 적절한 주석 표지의
체계 및 주석 표지 선택 지침 마련, 말뭉치를 활용하여 개발한 자동 분석
시스템의 오류 분석에 이르기까지 텍스트의 이해와 자동 분석에 언어학 분
야의 협력이 필수적이다. 융합 연구를 통해 인공지능 학습용 데이터, 준자연
언어로서의 주석 말뭉치의 재현율과 정확율을 높일 수 있다.

인공지능 기반으로 언어 처리의 기술이 전환되었다고 해서 동일한 유형의 과제를 해결하는 데에 필요한 주석의 핵심적인 내용이 달라진 것은 아니다. 인공지능이 학습하는 데에 적합한 체계와 일관성을 갖추기 위해, 주석 대상과 주석 내용을 분리하고 특정 정보를 부여하는 표지를 직접적으로 부착하는 방식에서 특정 정보의 해당 유무에 대한 정보를 부여하는 방식으로 형식의 논리성을 추구하게 되었다. 언어 연구에도 범용으로 쓰이던 기존의 주석 말뭉치에 비해 최신의 인공지능 학습용 말뭉치에서 추가로 제시하는 정보 중 대표적인 것은 주석 내용의 강도와 관련한 척도 수치이다. 언어 처리 과제 중 이러한 척도 수치가 중요한 역할을 하는 분야로 대표적인 것이 감성 분석이다. 감성 분석 말뭉치에서 감성의 극성을 주석할 때 긍정, 부정의 유형 정보를 표지로 부착하는 방식도 가능하지만 극성 유형의 정보와 함께 긍정과 부정의 강도를 표현하기 위한 수치를 함께 제공하는 것이 일반적이다.

3. 문장 단위의 감성 주석 말뭉치

3.1. 감성 분석의 쟁점

감성 분석은 특정 대상에 대한 인간의 관점인 극성을 판단하여 긍부정을 중심으로 분류하는 것을 기본으로 하는 언어 처리 과제이다. 과제 자체의 기본 개념은 간단하지만 실제 감성 분석과 관련해서는 몇 가지 쟁점이 존재한다.

감성 분석의 범위와 관련해 한국어에서의 감성 분석은 텍스트에서 느껴지는 감정을 다양한 감정 유형으로 분류하는 감정 분석(Emotional Analysis), 오피니언 마이닝(Opinion mining)과 혼용되고 있다. 'Sentiment'의 번역어로 감성과 감정이 모두 활발히 쓰이기 때문에 논문의 용어, 언어 자원의 명칭에서 다소 혼란이 있으나, 이는 자연스러운 현상이다. 감성 분석(Sentiment Analysis)과 감정 분석(Emotion Analysis)이 언어 처리 목적의 면에서 별도의 과제로 구분될 수 있지만 실제로 감성과 감정의 구분이 명확하지 않기 때문이다. Kruspe *et al.*(2020)에서는 감성 분석에서 코비드19와 관련한 인간의 감정과 의견을 모두 다루었고, Mohammad *et al.*(2018)에서 트위터의 감정 분석을 위해 적용한 감정 유형 11가지 중 낙관(optimism)과 비관(pessimism)은 감성 분석의 기본인 긍정, 부정의 극성과 관련이 있다.

남길임·조은경(2017)에서 기술한 바와 같이 감성 분석의 주체는 광의의 대중이다. 감성 말뭉치 구축 시의 수집 관점에서 보면 이 대중을 어떻게 설정할지를 구체적으로 고민할 필요가 있다. 미디어의 측면에서 보면 감성의 주체, 감성 분석 말뭉치의 생산자는 실제로 크게 일반인과 해당 분야의 지식을 바탕으로 여론을 반영하는 저널리스트로 나눌 수 있다. 특정한 주제나 문제에 대해 대중이 어떤 감성을 가지고 있는지를 반영하는 것이 자발적이고 일상적인, 소셜 미디어라 불리는 현대적 미디어라면 언론의 감성이 드러나는 것은 전통적 미디어인 신문, 방송 등이다. 감성 분석은 이 두 유형의 미디어를 모두 대상으로 할 수 있으며 이러한 미디어 데이터에서 감성이 구체적으로 드러나는 언어 표현은 감성어, 감성 어휘, 감성 표현 등으로 불린다.

감성 분석을 위한 언어 자원의 부족은 끊임없이 제기되는 문제이다. 말뭉치와 사전의 균형 있는 구축이 필수적이다. 다양한 유형의 미디어를 수집하여 감성 분석을 위한 주석 말뭉치를 구축할 때 쟁점이 되는 것은 표본으로서의 말뭉치의 가치 확보이다. 빅데이터라 불릴 수 있는 말뭉치의 규모가 강조되는 것은 규모의 확대가 수집한 데이터의 신뢰도, 다시 말해 말뭉치의 대표성에 긍정적인 영향을 미치기 때문이다. 감성 주석 말뭉치에 국한하여 말뭉치의 대표성을 생각해 보면 감성 주체의 유형을 다양하게 포함하고 적절한 비율을 고민할 필요가 있다. 예를 들어 특정 영화에 대한 감성을 분석하려 한다면 영화에 대한 전문 지식을 가진 영화전문가의 리뷰, 영화 도메인 자체에 대해 관심도가 높은 영화 관련 사이트의 리뷰, 문화생활로서 영화를 즐기는 일반인의 영화관 사이트나 일반 포털 리뷰 등이 다른 경향성을 나타낼 수 있으며 서로 영향을 미칠 수도 있다. 특정 주제에 대한 감성을 크라우드 소싱 방식으로 주석하여 말뭉치를 추구한다면 말뭉치의 절대적인 규모뿐만 아니라 감성 주체의 수를 최대한으로 확보하는 데에 힘을 기울여야 한다. 하은주 외(2018)에서는 한국어 감성 분석을 위한 말뭉치 구축 가이드라인 및 말뭉치 구축 도구에 대해 소개한 바 있다.

감성어 사전은 감성 주석의 기준이 되기 때문에 도메인별로 풍부하게 구축되어야 할 필요가 있다. 특정 어휘에 대한 긍정, 부정의 극성값과 어휘에 대한 기술을 포함하는 감성 사전은 거시구조의 설정에 있어 인간의 판단이나 기존 어휘 정보를 활용하는 연역적 방식과 기술적으로 추출하는 귀납적 방식의 두 가지 유형이 있다. 전자의 대표적인 사례는 프린스턴 대학의 유의어 대응 쌍 기반 어휘 의미망 구축 과제인 WordNet을 기반으로 한 SentiWordNet이다. SentiWordNet은 synset이라는 유의어 집단에 포함된 단어들을 유의어, 반의어 관계를 통해 확장하고 긍정, 부정 등 극성에 대한 정보를 부여한 감성사전이다.

# POS	ID	PosScore	NegScore	SynsetTerms	Gloss

a   00001740   0.125   0   able#1

(usually followed by 'to') having the necessary means or skill or know-how or authority to do something; "able to swim"; "she was able to program her computer"; "we were at last able to buy a car"; "able to get a grant for the project"

a   00002098   0   0.75   unable#1

(usually followed by 'to') not having the necessary means or skill or know-how; "unable to get to town without a car"; "unable to obtain funds"

[그림 4] SentiWordNet의 예시

Baccianella *et al.*(2010)에서 SentiWordNet 자원에 대해 소개하고, 깃허브[2]를 통해 데이터를 공개하였다. 사전의 미시구조는 위와 같이 품사, 고유 번호, 긍정 지수, 부정 지수, 어휘 항목, 어휘에 대한 설명으로 이루어져 있다. 이 감성사전을 기반으로 다양한 언어의 감성사전이 파생되었는데 번역 데이터의 한계로 인해 타 언어에서는 다양한 표현으로 나타나는 어휘들이 영어로는 같은 어휘에 대응된다는 문제가 있다. SentiWordNet을 이용한 한국어 감성 사전 구축 결과인 DecoSelex는 MUSE(Multilingual Sentiment Lexica & Sentiment-Annotated Corpora) 프로젝트의 결과물로 한국어 전자사전 DECO를 이용해 확장하는 방식으로 구축되었다. 서울대에서 KOSAC 말뭉치를

---

2   https://github.com/aesuli/SentiWordNet

사용하여 구축한 감성사전은 한국어 감성 분석 연구에 폭 넓게 활용할 수 있도록 형태소 단위의 감성 특성을 제공하였으며 엔그램 단위로 기술적으로 추출하였다. 이 감성어 사전은 형태소 단위의 감정 특성을 제공하는 것을 목적으로 하여 표제어 엔그램을 이루는 형태소, 빈도, 의미 특성값 등을 아래와 같이 제시하였다.

강단/NNG,1,0,0,0,1,0,indirect,1

강도/NNG,2,0,0,0,1,0,indirect,1

강력/XR,2,0,0.5,0,0.5,0,dir-explicit,0.5

강렬/XR,1,0,0,0,1,0,indirect,1

강박/NNG,1,0,1,0,0,0,dir-explicit,1

강요/NNG,2,0,0,0,1,0,indirect,1

강제/NNG,1,0,0,0,1,0,indirect,1

강조/NNG,5,0,0.4,0.2,0.4,0,dir-explicit,0.4

강화/NNG,4,0,0.5,0,0.5,0,dir-explicit,0.5

[그림 5] KOSAC 감성사전의 예시

군산대학교의 KNU 한국어 감성 사전[3]은 "표준국어대사전"의 뜻풀이문에 대해 3명이 감성 평가 결과를 부여하는 방식으로 학습용 데이터를 구축하여 Bi-LSTM 모델을 학습한 결과이다. 이러한 과정을 통해 긍정, 부정 어휘를 분류하고 엔그램으로 추출하여 한국어 감성 사전을 구축하였으며 신조어, 이모티콘 등 감성 분석에 도움 될 정보도 추가하였다. KNU 한국어

---

3   https://github.com/park1200656/KnuSentiLex

감성 사전은 KOSAC 감성어 사전과 달리 형태소 분석을 하지 않고 아래와 같이 어절을 살려 복수 개의 어절 표현을 포함하여 구축하였다. 정주현 외 (2022)에서는 대학평판도라는 주제로 'AR-KNU+'라는 도메인 특화 감성 사전을 구축하기도 하였다.

긍정	1		긍정적인 범위에	2
긍정적	1		긍정적인 태도	2
긍정적으로		2	긍정적인 효과를	2
긍정적으로 강조하는		2	긍정하는 2	
긍정적이고		2	긍정하는 뜻으로	2
긍정적이고 좋다	2		긍정할	2
긍정적인 2			긍정할 때	2

[그림 6] KNU 감성사전의 예시

이외에도 박호민 외(2018)은 레이블 전파를 통한 감성 사전 제작 방법론에 대해 보고하였고, 박호민 외(2019)에서는 BPE를 활용한 한국어 감성어 사전 구축을 시도하였다. 강현아 · 송현주(2021)에서는 맛집 리뷰를 대상으로 주제 특정적 감성분석을 위한 감성사전 구축 방법론을 제시하였다.

3.2. 문장 극성 주석 말뭉치 기반 감성 분석

감성 분석을 위한 주석 말뭉치의 가장 기본적인 형태는 문장을 단위로 긍정과 부정의 극성에 대한 정보를 부여한 것이다. 이때 긍정과 부정의 극성을 이분지로 단순하게 분류할 수도 있고, 각 극성을 정도성이 드러나는 척도로 표현할 수도 있다. 앞서 기술한 대로 감성 분석 기술은 보편화되어 있기 때문에 공개된 감성 분석 기술을 쉽게 접해 볼 수 있다. 엔씨소프트에서는 NLP-HUB를 통해 문장을 단위로 긍정, 부정, 중립 등의 감성 분석 결과를 반환하는 한국어 감성 분석기의 API를 공개하였다.[4] 야구, 경제, 게임, 일반 등으로 도메인을 나누어 쉽게 감성 분석 결과를 확인하는 체험을 할 수도 있다.

특별한 프로그래밍 과정을 거치지 않아도 연구의 기초 자료로서 감성 분석을 수행할 수 있는 도구가 개발되어 있다. 빅데이터 분석 솔루션인 텍스톰 (TEXTOM)[5]이 대표적인 예인데 이를 활용해 이재문(2018), 최수정·이상일 (2019), 최재일(2019) 등은 각각 태권도, 농구, 골프 등 체육 관련 분야의 감성 분석을 시도하였다. 도시공학 분야의 박상훈(2018), 패션 분야의 안효선·박 민정(2018), 기업 서비스 분야의 박홍식·김주일(2019) 등도 텍스톰을 활용한 감성 분석의 다양한 연구 사례이다.

감성 분석 기술이 보편화되어 다양한 감성 주석 말뭉치가 구축되고 특정 분야의 의사결정이나 응용 애플리케이션 개발에 활용되고 있지만 누구나 접근할 수 있게 공개되어 있는 말뭉치를 찾아보기는 쉽지 않다. 감성 분석이 주로 경제적 가치 창출과 맞물려 있어 구축된 주석 말뭉치가 보안 데이터로 취급되기 때문이다. 이에 문장 단위로 극성이 주석된 한국어 감성 주석 말뭉 치 중 가장 활발하게 활용되는 것 중 하나가 네이버 영화평 말뭉치이다. NSMC(Naver Sentiment Movie Corpus v1.0)은 한국어로 된 영화 리뷰 말뭉치로 써 포털 사이트 '네이버'의 '네티즌 평점'을 바탕으로 구축된 말뭉치이다.

---

4   https://nlphub.ncsoft.com/document-api-center/5f1923d6a70c5000189d8699

5   https://www.textom.co.kr/home/main/main.php

NCMC는 '네티즌 평점' 리뷰의 원 Id와 리뷰 본문 내용(document), 그리고 리뷰 내용에 대한 레이블(label)로 구성되었다. 말뭉치 규모는 총 20만 건이며, 학습용 말뭉치 15만 문장, 평가용 말뭉치 5만 문장이 공개되어 있다.[6] NSMC의 구성에서 id는 네이버가 제공하는 리뷰 아이디, document는 실제 사람들이 작성한 영화 리뷰, label은 리뷰를 긍정과 부정으로 나눈 극성을 나타낸다. 긍정 레이블 수와 부정 레이블 수는 각 10만 개로 동일하게 구성되어 있다. 긍정 레이블의 경우 '네티즌 평점'의 원 리뷰가 9~10점일 경우, 부정 레이블의 경우 1~4점일 경우 부착되었다. 두 점수대에 속하지 않은 5~8점대는 중립(neutral)으로 간주하여 말뭉치에서 제외되었다. [그림 7]은 NSMC 원시 말뭉치의 예시이다.

```
{
    "review": "전체관람가는 아닌것 같아요",
    "date": "15.08.25",
    "rating": "10",
    "author": "dhrl****",
    "review_id": "10275182",
    "movie_id": "10001"
},
{
    "review": "***의 연기변신 나름 괜찮았어요",
```

---

6 https://github.com/e9t/nsmc/

"date": "15.05.19"

"rating": "5",

"author": "pihw****",

"review_id": "9931480",

"movie_id": "115405",

},

[그림 7] NSMC 원시 말뭉치의 예시

감성 분석 시스템의 성능은 주석 말뭉치의 도메인에 영향을 많이 받기 때문에 공개된 한국어 감성 주석 말뭉치의 유형과 수가 한정되어 있는 것이 매우 아쉬운 상황이다. 다양한 선행 연구에서 감성 분석의 도메인 민감성을 지적하면서 이를 보완하는 방식으로 사전을 활용하는 방식을 소개하였다. 홍문표(2014)에서는 감정사전 엔트리 및 감성지수를 의미분석 규칙에 활용하여 분석하는 방법과 감정사전 엔트리를 기계학습을 위한 학습 자질로 활용하는 방법을 제안하였다. 이현종(2010)은 감성 분석의 도메인 간 적응을 위해서 극성 사전을 구축하는 방법론에 대해 논의하였고, 김다해·조태민·이지형(2015)에서도 도메인 맞춤형 감성사전 구축 기법을 제시하고 효용성을 확인하였다.

기본적인 감성 분석의 단위는 문장이지만 극성 판단의 척도 확장을 통해 문서 단위의 감성 분석을 시도하는 방향으로 기술이 발전하였다. 문서 단위의 감성을 분석하는 데에 매뉴얼 방식으로 인상적인 주석을 시도하는 것이 아니라 문장 단위 분석 체계의 세밀도를 제고하여 문서 단위의 자동 분석을 수행하는 것이다. Choi et al.(2020)에서는 IMDB의 영어 영화 리뷰 말뭉치 1,356,669 문석을 대상으로 하여 10점 척도의 극성 말뭉치를 구축하여 학습과 검증, 평가 비율을 8:1:1로 적용한 결과 문서 단위 감성 분석의 정확률을 향상시키는 데에 성공하였다.

4. 감성 요소 상세 주석 말뭉치

감성 분석의 단위를 확장하고 정확도를 제고하기 위해서는 감성에 대한 기본 정보인 극성에 대한 긍부정의 이분법적 분류를 지양하고 감성 분류의 세밀도를 높이는 것도 중요하지만 감성어와 공기 관계에 있는 표현들을 찾아내고 관계를 규명하는 것이 중요하다. 이를 통해 궁극적으로는 해당 도메인 감성어의 어휘망과 온톨로지를 귀납적으로 구축할 수 있다. 감성 분류의 척도, 감성 표현을 중심으로 한 다양한 요소의 유형을 주석에 상세하게 반영하는 것은 정보의 수준과 범위를 풍부하게 하는 장점이 있으나 주석자의 부담이 커지면서 단위 시간당 주석 양이 줄어들고 일관성이 낮아질 수 있다는 단점이 있다. 도메인과 활용 목적을 고려해 적절한 감성 주석의 세밀도를 결정할 필요가 있다.

단순한 감성의 극성을 분류하는 감성 주석 말뭉치를 넘어서 감성과 관련된 자질 및 유형을 함께 주석하는 상세 주석 말뭉치의 구축은 2010년대 중반에 국내외에서 본격적으로 시작되었다. 감성 분석과 관련한 상세 주석의 대표적인 방식이 Pontiki *et al.*(2015)에서 Entity에 속한 속성어(aspect term)를 찾고, 속성어에 대한 극성을 주석하는 방식으로 정의한 속성 기반 감성 분석(ABSA: Aspect-Based Sentiment Analysis)이다. SemEval에서는 2014년 레스토랑, 노트북, 2015년 레스토랑, 노트북, 호텔, 2016년 레스토랑, 노트북, 호텔, 박물관, 통신 등으로 도메인을 늘려가면서 ABSA 벤치마크 데이터셋을 공개하였다. SemEval의 ABSA 말뭉치 구축 방식은 이후 Wojatzki *et al.* (2017)에서 소셜미디어, 뉴스, 블로그 등을 크롤링한 18000여 문서를 주석한 독일어의 속성 기반 주석 말뭉치로 언어를 확장하여 적용되었고, Jiang *et al.*(2019)에서는 감성 속성의 범주를 다양화한 MAMS(Multi-Aspect Multi-Sentiment) 말뭉치 구축으로 발전하였다.

SemEval 이후 ABSA 말뭉치의 주석 대상 데이터도 다양화되었다. Brun *et al.*(2018), Barnes *et al.*(2021), Minchae *et al.*(2019) 등은 SemEval과 같은 레스토랑, 호텔에 대한 리뷰를 대상으로 하였고, Saeidi *et al.*(2016)에서는 Yahoo의 질의응답 플랫폼 데이터를 활용하여 Targeted Aspect Based Sentiment Analysis를 위한 SentiHood 말뭉치를 구축하였다. 뉴스 데이터는 Shahid *et al.*(2020)와 같이 기사의 헤드라인을 활용할 수도 있고 Salunkhe *et al.*(2019)와 같이 뉴스 기사 자체를 활용할 수도 있다. Shahid *et al.*(2020) 에서는 소셜 미디어인 트위터를 활용했으며, Gaillat *et al.*(2018)와 같이 특정 직업군의 메시지를 활용해 ABSA 주석 말뭉치를 구축할 수도 있다.

속성을 포함한 감성 주석의 다양한 주석 유형은 조동희 외(2016)의 한국어 감성 주석 말뭉치 구축 사례를 통해 구체적으로 파악할 수 있다. 앞서 언급한 MUSE 프로젝트[7]에서는 트윗에서 1,165,795건의 자료를 크롤링 수집하여 원시 코퍼스로 구축하고 문장 단위 주석 말뭉치(SESAC)와 토큰단위 주석 말뭉치(TOSAC)를 구축하였다. 문장 단위의 주석은 극성의 결정과 관련이 된 것이며, 토큰 층위의 주석은 극성의 결정에 관여하는 요소들을 의미한다. 극성 주석은 크게 주관성과 비주관성으로 나누고 주관성을 다시 주요 극성, 보조 극성으로 나누어 기본적인 긍정과 부정의 극성을 주요 극성으로 주석

---

7   http://dicora.hufs.ac.kr

하였으며, 오피니언 원소 분류 체계로 감성어인 Sentiment와 속성에 해당하는 Aspect를 포함하여 12가지 유형의 감성 관련 요소에 대해 주석 체계를 마련해 놓았다.

조동희 외(2016)에서 제시한 감성의 대상, 감성의 자질 및 속성, 감성 표현, 감성 표현의 주체, 감성 관련 시간 정보, 극성 전환 요소, 감성의 강도 표현, 비교 대상, 감성의 출처, 감성을 전달하는 이모티콘, 극성을 드러내는 고정적인 구 단위와 문장 등은 주석 대상 문장의 구조와 의미를 파악해야 주석할 수 있기 때문에 주석 시 언어학적 지식이 필요하며 기본적인 언어학적 층위 주석이 되어 있을 경우 자동 주석이 가능한 요소들이 있다. 형태 주석이 되어 있을 경우 특정 부류의 어휘 목록을 확보하고 있으면 극성 전환 요소인 부정 부사 '안, 못'과 보조사 '만' 등을 자동적으로 주석할 수 있으며, '매우, 너무, 엄청' 등과 같은 정도 부사를 감성 표현의 강도를 표시하는 감성 강화사의 후보로 제시할 수 있다. 시간을 나타내는 명사나 부사 역시 정보를 비교하고 정보의 현재 유효성을 파악하는 데에 필요한 감성 시간 정보의 후보로 제시하여 매뉴얼 주석의 부담을 줄일 수 있다. 구문 분석의 결과는 이중 주어, 이중 목적어 등의 다중 논항 구조를 통해 속성 정보를 주석하는 데에 기초 정보가 되며 감성 표현의 주체로는 문장 성분 주석 결과 중 주어가 가장 강한 연관성을 가지게 된다. 언어 층위별 분석 결과가 주석의 후보를 제시하는 데에 활용될 경우 통계적으로 추출된 연어 정보가 감성어와 감성 관련 요소의 주석에 활용될 수 있다.

다중 논항에 대한 정보가 속성 정보 주석에 도움을 주는 것은 사실이지만 감성 관련 요소 중 가장 주석의 난도가 높은 것 중 하나가 속성이다. 속성을 가지는 대상과 속성의 구분이 쉽지 않고 대상과 속성이 모두 수의적으로 나타나기 때문이다. 구체적인 속성어에 의해 속성이 언급되는 명시적 속성만 주석할 것인지 구체적인 속성어가 드러나지는 않지만 맥락을 통해 간접적으로 추측하여 알 수 있는 비명시적 속성까지 주석할 것인지를 결정할 필요도 있다. 비명시적 속성어의 주석을 포함하게 되면 이는 언어 처리의 언어학적 과제 중 생략 복원과 맞닿게 된다. 속성의 주석을 세밀하게 하려면 속성어를 추출하는 것과 속성어가 속하는 범주와 극성을 판별하는 것을 모두 포함해야 한다.

   속성어의 범주는 구체성을 가지는 개체 위주의 범주와 추상적인 속성으로 나뉠 수 있으며, 추상적인 속성의 주석 체계는 도메인과 주석 체계 설정의 방법론에 따라 달라진다. 추상적 속성 범주는 실제 말뭉치에 드러나지 않기 때문에 주석을 단계적으로 수행함으로써 귀납적으로 체계를 설정할 수도 있고, 기존의 도메인 분류 체계를 활용할 수도 있다. 주석을 단계적으로 수행하여 추상적 속성 주석 체계를 설정하는 경우에는 구체적으로 드러난 속성어들을 분석하여 귀납적으로 데이터에 초점을 맞춘 추상적 속성 범주를 확정하게 된다. 이 경우 분석 대상 말뭉치가 변경될 경우 속성어에 대한 추상적 범주 속성의 유형이 존재하지 않을 가능성이 있다는 단점이 있다. 한편 기존 도메인 분류 체계를 활용할 경우 구체적인 데이터에서 발견되는 특수한 사례들이 누락될 가능성이 높다는 단점이 있다. 추상적인 속성의 주석 체계를 기술 개발 시 중요 자질로 활용할 경우 귀납적, 연역적 방식을 모두 활용하여 주석의 체계를 견고하게 마련하는 것이 바람직하다. 아래 [표 1]은 Hitkul 외(2020)에서 활용한 경제 분야의 속성 분류 체계이다. 이러한 분류 체계를 수립하기 위해서는 어휘론 분야의 지식과 도메인 지식의 융합이 필요하다.

[표 1] 경제 분야 속성 주석을 위한 분류 체계의 예시

Level 1 Aspect	Level 2 Aspect
Corporate	Reputation
	Company Communication
	Appointment
	Financial
	Regulatory
	Sales
	M&A
	Legal
	Dividiend Policy
	Risks
	Rumors
	Strategy
Stock	Options
	IPO
	Signal
	Coverage
	Fundamentals
	Insider Activity
	Price Action
	Buyside
	Technical Analysis
Economy	Trade
	Central Banks
Market	Currency
	Conditions
	Market
	Volatility

한국어 감성 주석 말뭉치 중 문장 단위 극성 외에 감성 요소에 대한 주석
를 부착하여 구축한 말뭉치는 많지 않다. 앞서 언급한 MUSE 프로젝트의

말뭉치[8]와 KOSAC 말뭉치, 그리고 국립국어원 '모두의 말뭉치'에 포함되어 있는 감성 분석 말뭉치[9] 정도이다. 신효필·김문형·박수지(2016)에서는 아래 예시와 같은 양상을 포함해 화자의 태도와 관련된 화용적 정보를 포함하고 있는 표현 유형 속성을 그 빈도와 확률에 따라 목록화한 후 적용하여 감성 분석의 정확성이 향상되었음을 보고하였다.

이번 관광전은 한국 시장을 외국에 널리 알린다는 개최 의

도와는 거리가 먼 것으로 보인다. / 더 높은 것은 발목과 무릎에

무리를 줄 수 있으므로 주의해야 한다.

<SEED> anchor="-으로 보이-", id="u1", nested-source="w",

type="writing-device" </SEED>

<SEED> anchor="-수 있-", id="u2", nested-source="w",

type="writing-device" </SEED>

<SEED> anchor="-야 하", id="u3", nested-source="w",

type="writing-device" </SEED>

[그림 8] KOSAC 말뭉치의 예시

'국립국어원 감성 분석 말뭉치 2020(버전 1.0)'은 웹 말뭉치에서 선정된 후기 문서 2,081건을 대상으로 하여 강한 부정, 부정, 중립, 긍정, 강한 긍정 등 5점 척도의 감성 점수를 부착하였다. 이에 더해 주제 범주, 감성 표현의 구체적 대상으로서의 주제, 감성 표현의 유형 분류를 통한 표현 범주 세

---

8   http://word.snu.ac.kr/kosac/index.php

9   https://corpus.korean.go.kr/

가지의 감성 요소를 주석하여 구축하였으며, 다음과 같이 JSON 형태로 공개되었다.

```
"sentiment_expression": [
        {
            "expression_id": 1,
            "expression": [
                {
                    "expression_form": "제목이 지금 내 인생
같아서 눈에 확 들어왔는데",
                    "paragraph_id": "ERRW1903002753.9.2",
                    "begin": 0,
                    "end": 26
                }
            ],
            "expression_score": 2,
            "expression_category": [
                "영화평가"
            ],
            "subject_category": "영화",
            "subject": [
                "개 같은 내 인생"
            ]
        },
```

[그림 9] 국립국어원 감성 분석 말뭉치의 예시

5. 맺음말

인공지능을 위한 학습 데이터로서의 언어, 준자연언어의 세부 유형으로서 주석 말뭉치의 개념과 의의를 살피고 감성 분석 과제에 집중하여 주석 말뭉치의 구축 방법론과 사례를 살펴보았다. 감성 분석을 위한 말뭉치의 주석은 크게 극성의 판단과 감성 관련 요소의 주석으로 대분할 수 있으며 감성 관련 요소의 주석에는 언어학적 지식과 융합적 연구가 필요하다.

감성 주석 말뭉치 구축의 앞으로의 방향성은 언어 정보를 고려한 감성 주석 말뭉치 구축, 감성 주석의 도메인 세분화 혹은 개방성 지향, 감성 분석과 다른 과제의 결합을 위한 말뭉치 구축, 감성 주석 말뭉치의 증강 등으로 정리할 수 있다. 번역 데이터의 현지화, 도메인별 극성 관련 어휘 추출, 감성 어의 공기어 분석 등에 대해 언어학 분야에서 관심을 기울이고 협업해야 감성 분석 말뭉치의 질이 향상될 수 있다. 도메인에 특화된 감성 분석 및 감성 주석 말뭉치에 대한 논의는 활성화되어 있었으나 상대적으로 개방 도메인에 관련한 논의는 부족하였는데 최근 Orbach *et al.*(2021) 등에서 타겟 중심 감성 분석을 위한 개방 도메인 평가 데이터 말뭉치를 제안한 바 있다. 감성 분석과 문서 요약, 감성 분석과 챗봇 개발 등의 과제 결합은 개연성과 필요성 면에서 더욱 발전할 것으로 예상되며, Hsu *et al.*(2021), 윤정우 외 (2021)과 같은 감성 분석 말뭉치의 증강과 관련한 논의가 국내외에서 활발하게 발표되고 있다. 향후 감성 주석 말뭉치에 대한 논의가 한국어의 특성 및 지식과 연계되어 더욱 활발하게 전개될 것을 기대한다.

참고문헌

강현아 · 송현주(2021), "주제 특정적 감성분석을 위한 감성사전 구축 방안―맛집 리뷰를 중심으로," 한국사전학회 학술대회 발표논문집, 93-108.

김다해 · 조태민 · 이지형(2015), "도메인 별 감성분석을 위한 도메인 맞춤형 감성사전 구축 기법," 한국컴퓨터정보학회 학술발표논문집, 23(1), 15-18.

김은영(2019), "음성 검색 최적화를 위한 기초 연구," 언어사실과 관점, 48, 471-503.

남길임 · 조은경(2017), 한국어 텍스트 감성 분석, 커뮤니케이션북스.

박상훈(2018), "빅데이터 감성정보 추출을 통한 도심부 활성화 요인 분석 연구," 국내박사학위논문 서울시립대학교.

박석원 · 최현수 · 한지윤 · 오태환 · 안의정 · 김한샘(2019), "구어 의존 구문 분석을 위한 비유창성 처리 연구," 제31회 한글 및 한국어 정보처리 학술대회 논문집, 144-148.

박호민 · 천민아 · 남궁영 · 최민석 · 윤호 · 김재균 · 김재훈(2019), "BPE를 활용한 한국어 감정사전 제작," 한글 및 한국어 정보처리 학술대회 논문집, 31, 510-513.

박호민 · 천민아 · 남궁영 · 최민석 · 윤호 · 김재훈(2018), "레이블 전파를 통한 감정사전 제작," 한글 및 한국어 정보처리 학술대회 논문집, 30, 91-94.

박홍식 · 김주일(2019), "공유숙박 서비스 기업의 감성분석을 통한 이미지 변화," Culinary Science & Hospitality Research, 25(5), 67-74.

신효필 · 김문형 · 박수지(2016), "한국어 감정분석 코퍼스를 활용한 양상정보 기반의 감정분석 연구," 언어학, 74, 93-114.

안효선 · 박민정(2018), "빅데이터 텍스트 분석을 기반으로 한 패션디자인 평가 연구―디자인 속성과 감성 어휘의 의미연결망 분석을 중심으로," 한국의류학회지, 42(3), 428-437.

어수경 · 박찬준 · 문현석 · 임희석(2021), "한국어 인공신경망 기계번역의 서브 워드 분절 연구 및 음절 기반 종성 분리 토큰화 제안," 한국융합학회논문지, 12(3), 1-7.

윤정우 · 남지순(2021), "자질기반 감성분석 모델 학습을 위한 주석데이터셋 FeSAD 구축 방법론," 언어연구, 37(3), 335-358.

이재문(2018), "소셜 빅데이터를 활용한 올림픽 태권도 감성분석," 국기원 태권도연구, 9(1), 161-175.

이현종(2010), "극성 사전 구축 및 도메인간 적응을 위한 극성 사전의 구축 방법과 평가," 석사학위논문 한국과학기술원.

정주현 · 김장원 · 온병원 · 정동원(2022), "BERT를 활용한 AR-KNU+ 감성사전 기반의 대학 평판도 평가," 한국정보기술학회논문지, 20(1), 149-157.

조동희 · 신동혁 · 남지순(2016), "MUSE 감성주석코퍼스 구축을 위한 분류 체계 및 태그셋 연구," 우리말연구, 47, 5-47.

조선희 · 최동희 · 강재우(2021), 속성기반 감성분석의 연구 동향 및 방향성, 한국정보과학회 학술발표논문집, 1777-1779.

최수정 · 이상일(2019), "빅데이터 감성분석을 통한 프로농구 발전 방안 모색,"한국체육과학회지, 28(5), 441-462.

최재일(2019), "골프장 캐디의 직무스트레스가 이직의도에 미치는 영향: 감성지능의 조절효과 분석," 한국골프학회, 13(2), 1-15.

하은주 · 오진영 · 차정원(2018), "한국어 감정분석을 위한 말뭉치 구축 가이드라인 및 말뭉치 구축 도구," 한글 및 한국어 정보처리 학술대회 논문집, 30, 84-87.

홍문표(2014), "독일어 감정사전을 활용한 감성분석," 독어학, 30, 173-195.

황민국 · 김영태 · 나동열 · 임수종 · 김현기(2015), "Structural SVM을 이용한 백과사전 문서 내 생략 문장성분 복원," 지능정보연구, 21(2), 131-150.

Baccianella, S., Esuli, A., and Sebastiani, F. (2010). SentiWordNet 3.0: An Enhanced Lexical Resource for Sentiment Analysis and Opinion Mining. In Proceedings of the Seventh International Conference on Language Resources and Evaluation LREC 2010.

Barnes, J., Kurtz, R., Oepen, S., Øvrelid, L., and Velldal, E. (2021). Structured sentiment analysis as dependency graph parsing. arXiv preprint arXiv: 2105. 14504.

Brun, C., and Nikoulina, V. (2018). Aspect based sentiment analysis into the wild. In Proceedings of the 9th Workshop on Computational Approaches to Subjectivity, Sentiment and Social Media Analysis (pp.116-122).

Choi G., Oh, S., and Kim, H. (2020), Improving Document-Level Sentiment Classification Using Importance of Sentences, Entropy, Vol.22(12), pp.1-11,

(DOI: 10.3390/e22121336)

Gu, J., Wang, Y., Cho, K., and Li, V.(2019), Improved zero-shot neural machine translation via ignoring spurious correlations. arXiv preprint arXiv:1906. 01181.

Hitkul, & Shahid, Simra & Singhal, Shivangi & Mahata, Debanjan & Kumaraguru, Ponnurangam & Shah, Rajiv Ratn. (2020). Aspect-Based Sentiment Analysis of Financial Headlines and Microblogs. 10.1007/978-981-15-1216-2_5.

Hsu, T., Chen, C., Huang, H., and Chen, H.(2021). Semantics-Preserved Data Augmentation for Aspect-Based Sentiment Analysis. In Proceedings of the 2021 Conference on Empirical Methods in Natural Language Processing.

Jiang, Q., Chen, L., Xu, R., Ao, X., and Yang, M. (2019). A challenge dataset and effective models for aspect-based sentiment analysis. In Proceedings of the 2019 Conference on Empirical Methods in Natural Language Processing and the 9th International Joint Conference on Natural Language Processing EMNLP-IJCNLP.

Jiang, Q., Chen, L., Xu, R., Ao, X., and Yang, M.(2019) A challenge dataset and effective models for aspect-based sentiment analysis. In Proceedings of the 2019 EMNLP-IJCNLP. 2019.

Kruspe, A., Häberle, M., Kuhn, I. and Zhu, X. (2020). Cross-language sentiment analysis of European Twitter messages during the COVID-19 pandemic, Proceedings of the 1st Workshop on NLP for COVID-19 at ACL 2020.

Mohammad, S., Bravo-Marquez, F., Salameh, M., and Kiritchenko, S. (2018, jun). SemEval-2018 Task 1: Affect in Tweets. Proceedings of The 12th International Workshop on Semantic Evaluation New Orleans, Louisiana.

Orbach, M., Toledo-Ronen, O., Spector, A., Aharonov, R., Katz, Y., and Slonim, N.(2020) YASO: A New Benchmark for Targeted Sentiment Analysis. arXiv preprint arXiv:2012.14541.

Ozyurt, B., and Akcayol, M. A. (2021). A new topic modeling based approach for aspect extraction in aspect based sentiment analysis: SS-LDA. Expert Systems with Applications, 168, 114231.

Wang, Y., Che, W., Guo, J., Liu, Y. and Liu, T.(2019), Cross-lingual bert transformation for zero-shot dependency parsing. arXivpreprint arXiv:1909. 06775.

X. Man, T. Luo and J. Lin. (2019). "Financial Sentiment Analysis(FSA): A Survey," 2019 IEEE International Conference on Industrial Cyber Physical Systems (ICPS), 617-622.

Xing, X., Jin, Z., Jin, D., Wang, B., Zhang, Q., and Huang, X.(2020) Tasty Burgers, Soggy Fries: Probing Aspect Robustness in Aspect-Based Sentiment Analysis. arXiv preprint arXiv:2009.07964.

언어 텍스트에 나타나는 벤포드 법칙: 원리와 응용

홍정하

1. 서론

벤포드 법칙(Benford's Law)은 실생활에서 관찰되는 수치를 첫 자리 숫자에 따라 분류할 때, 1에서부터 9까지의 첫 자리 숫자가 커질수록 그 분포가 점차 감소되는 현상을 말한다(Benford 1938).[1] 예를 들어, 1,231, 167, 19, 1은 모두 첫 번째 자리 숫자가 1인 수치로 분류되며, 실생활에서 관찰되는 수치 중 이 유형의 수치가 가장 많이 분포한다. 반면, 9,356, 928, 91, 9는 모두 첫 자리 숫자가 9로 분류되며, 다른 첫 자리 숫자의 수치에 비해 가장 적게 분포한다. 이러한 벤포드 법칙은 자연과학 수치 자료(Hill 1996), 다우존스지수 수치 자료(Ley 1996), 1990년 미국 인구 통계 및 회계 수치 자료(Nigrini 1996) 등 다방면의 수치 자료에서 그 유효성이 확인되고 있다.[2]

---

1   벤포드 법칙은 또한 첫 자릿수의 법칙(first-digit law)이라고도 한다.
2   벤포드 법칙은 수학적 예측, 컴퓨터 설계, 회계 분야 등에서 활용되고 있다. 수학적 예측 모형에서는 미래의 주가지수, 인구통계 등을 예측하기 위해서(Hill 1998), 컴퓨터 설계 분야에서는 컴퓨터의 계산속도 향상(Barlow & Bareiss 1985) 및 저장 용량 최소화

그러나 언어 텍스트에서 관찰되는 수치 자료를 대상으로 벤포드 법칙의 유효성은 아직 검토된 바 없다. 만약 벤포드 법칙이 언어 텍스트를 구성하는 어휘나 형태소 등의 빈도 목록에서 유효하다면, 이 수치 자료를 산출하는 언어 텍스트는 벤포드 법칙의 분포적 원리에 따라 어휘나 형태소를 구성하는 것으로 파악할 수 있다. 즉, 텍스트 생산자의 어휘 또는 형태소 사용이 벤포드 법칙에 의해 지배를 받으며, 이는 언어 현상뿐만 아니라, 수치로 표현되는 현상에 보편적으로 적용되는 원리이다.

이 논문은 형태소 빈도 목록을 통해 언어 텍스트의 분포 원리 및 특성을 벤포드 법칙의 관점에서 관찰하고, 이에 대한 응용 가능성을 논의하는 것이 목적이다. 이를 위해 1,500만 어절 규모의 세종 형태분석 말뭉치에서 추출한 형태소 빈도 목록을 대상으로 언어 텍스트와 벤포드 법칙의 관련성 및 그 특성을 논의한다. 본 논문의 2절에서는 벤포드 법칙과 관련하여 실생활에서 접할 수 있는 일반적 수치 자료, 그리고 지진과 같이 복잡한 현상의 세계, 즉, 복잡계(complex system)에서 관찰되는 수치 자료 사이의 분포적 차이를 제시하고, 이와 비교하여 형태소 빈도 목록에서 관찰되는 벤포드 법칙의 분포적 특성을 3절에서 논의한다. 4절에서는 벤포드 법칙을 따르는 텍스트 분포가 주로 저빈도 타입의 분포적 특성을 반영하고 있음을 제시하고, 5절에서는 텍스트 크기에 의한 영향이 적은 벤포드 분포의 특성을 논의한다. 마지막으로 6절에서는 표준 벤포드 분포를 설정하고, 이 기준치와 개별 텍스트 분포의 편차를 토대로 텍스트 분포의 평가를 시도한다.

를 위해서(Schatte 1988), 회계 분야에서는 부정 회계 또는 인위적 조작 자료의 탐지를 위해서(Nigrini 1996) 벤포드 법칙을 활용하고 있다.

2. 벤포드 법칙

Benford(1938)은 호수의 면적, 하천의 길이, 분자의 무게, 미국 야구 통계, 사망률, 리더스다이제스트 수록 수치 자료 등에서 임의적으로 수집한 20,229개의 관측치를 통해, 실생활에서 관찰되는 수치 자료가 특정 자릿수에 불균형적으로 분포한다는 법칙을 제시하고 있다. 벤포드 법칙이라 알려진 이현상은 (1)의 공식으로 기술되며, 첫 자릿수 1부터 9까지의(d_1 = 1, 2, ⋯, 9) 불균형적 분포 확률 $P(d_1)$가 계산된다.[3] [그림 1]은 벤포드 법칙 공식 (1)에의해 계산된 첫 자릿수별 분포 확률이다. 실생활의 수치 자료 중 첫 자릿수가 1인 수치가 30.10%로 가장 많이 분포하며, 첫 자리 숫자가 커질수록 그분포 비율은 점차 감소하여 첫 자리 숫자 9에 이르러서는 4.58%의 분포만을보인다. 그래서 전체 수치 자료 중 첫 자릿수의 숫자가 1, 2, 또는 3일 확률은 60.2%에 이르는 불균형적 분포를 보인다. 이처럼 실생활에서 관찰되는수치 자료는 첫 자리 숫자별 불균형적 분포를 보이면서도, 첫 자릿수별 분포비율 또한 (1)과 [그림 1]의 분포를 따르는 고유한 규칙성을 나타낸다.

(1) 벤포드 법칙 공식

$$P(d_1) = \log_{10}\left(1 + \frac{1}{d_1}\right)$$

---

3 이 밖에도 Hill(1996)은 이 법칙을 수학적으로 증명하면서, 첫 자리 숫자뿐만 아니라, 두 번째 자리의 숫자, 세 번째 자리의 숫자 등과 같이 다른 자릿수에서도 나타나는 불균형적 분포 확률을 계산하기 위한 일반 유효 자릿수 법칙(General Significant-Digit Law)을 제시하고 있다.

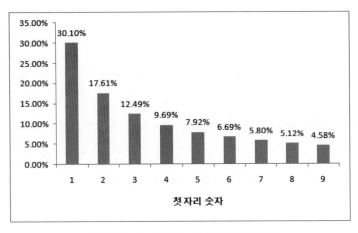

[그림 1] 벤포드 법칙: 첫 자리 숫자별 분포

한편, 지진과 같이 복잡성이 매우 커서 예측하기 어려운 자연 현상 수치는 첫 자리 숫자의 불균형적 분포를 보이긴 하지만, 첫 자리 숫자별 분포 비율에 있어 실생활의 수치 자료에 적용되는 벤포드 법칙 (1)과 차이를 보인다. Pietronero 외(2001)은 미국 남부 캘리포니아에서 관측된 지진 규모에 관한 수치 자료를 검토하고, 지진과 같이 복잡성이 커서 예측하기 쉽지 않은 현상에서 산출된 수치 자료에 적용 가능한 일반화 벤포드 법칙(Generalized Benford's Law)을 공식 (2)로 제시하고 있다.

(2) 일반화 벤포드 법칙 공식

$$P(n=1,...,9,\ 1.7 < \alpha < 2) = \frac{1}{1-\alpha}\left[(n+1)^{(1-\alpha)} - (n)^{(1-\alpha)}\right]$$

일반화 벤포드 법칙 공식 (2)에서 n은 1부터 9까지의 첫 자리 숫자를 나타내며, α는 복잡성이 큰 현상에서 산출된 수치 자료에 적용 가능한 변이 구간이다. [그림 2]는 실생활의 수치 자료에서 관찰되는 벤포드 법칙 (1)의 분포,

일반화 벤포드 법칙의 최소 변이 구간 $a \fallingdotseq 1.7$의 분포, 일반화 벤포드 법칙의 최대 변이 구간 $a \fallingdotseq 2$의 분포를 비교한 것이다. 일반화 벤포드 법칙을 따르는 현상의 수치 자료는 실생활 수치 자료의 첫 자리 숫자별 불균형적 분포를 나타내는 벤포드 법칙 (1)에 비해 첫 자리 숫자 1, 2의 분포가 두드러지게 우세한 반면, 첫 자리 숫자 3부터 9까지의 분포가 적다. Pietronero 외 (2001)은 일반화 벤포드 법칙을 복잡계(complex system)에서[4] 나타나는 자발적 분포 원리로 기술하고 있다. 다시 말해서, 일반화 벤포드 법칙 (2)의 분포를 따르는 수치 자료는 벤포드 법칙 (1)을 따르는 실생활 현상과 차원이 다른 지진, 기상 현상과 같은 복잡계를 반영하며, 복잡계는 자발적으로 일반화 벤포드 법칙 (2)의 분포 원리를 준수한다는 것이다.

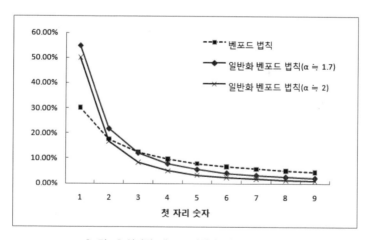

[그림 2] 일반화 벤포드 법칙과 벤포드 법칙 비교

---

4 복잡계는 비선형적 동역학계(nonlinear dynamics), 카오스계 등으로도 불린다. 복잡계에 대해서는 Gleick(1993) 참조.

그러나 모든 수치 자료가 벤포드 법칙을 따른 분포를 보이는 것은 아니다. 벤포드 법칙은 지극히 임의성(randomness)에 기반하여 수집된 수치 자료에서만 관찰될 수 있는 분포 원리이다. 벤포드 법칙을 제시한 Benford(1938)의 관찰 대상 수치 자료는 호수의 면적, 하천의 길이, 원소의 무게, 미국 야구 통계 등 다양한 분야의 광범위한 분포 자료에서 임의적으로 수집된 것이다. 따라서 벤포드 법칙은 임의적 방법으로 편향되지 않게 다양한 분야에서 추출된 표본에서만 관찰될 수 있는 분포이다(Hill 1998; Gottwald 2002).[5] 이러한 특성으로 인해 벤포드 법칙은 한편으로 표본의 임의성을 판단하는 지표로 활용될 수 있다.

3. 언어 텍스트의 벤포드 분포

3절에서는 벤포드 법칙과 관련한 언어 텍스트의 분포 원리를 파악하기 위해 1,500만 어절 규모의 세종 형태분석 말뭉치에서 추출한 형태소 빈도 목록의 수치를 첫 자리 숫자별로 분류하여 그 분포를 관찰한다. 이를 통해 두 가지 측면에 중점을 두어 논의한다. 첫째, 언어 텍스트를 대상으로 벤포드 법칙의 유효성을 검토하고, 형태소의 텍스트 분포 원리를 파악한다. 둘째, 실생활의 수치 자료에 적용되는 벤포드 법칙 (1), 그리고 복잡계의 수치 자료에 적용되는 일반화 벤포드 법칙 (2)에 대해 언어 텍스트의 수치 자료를 비교함으로써 언어 현상의 위상을 평가한다.

---

5   그래서 Hill(1998)은 벤포드 법칙을 "임의적 분포 자료로부터 추출된 임의적 표본" (random samples from random distributions)의 법칙으로 기술하고 있다.

[표 1] 형태 · 형태의미분석 말뭉치의 벤포드 분포

첫 자리 숫자	형태분석 말뭉치		형태의미분석 말뭉치	
	빈도	상대 빈도	빈도	상대 빈도
1	159,262	57.52%	166,537	57.15%
2	46,168	16.67%	48,884	16.78%
3	23,583	8.52%	24,971	8.57%
4	14,812	5.35%	15,775	5.41%
5	10,226	3.69%	10,893	3.74%
6	7,798	2.82%	8,324	2.86%
7	5,990	2.16%	6,369	2.19%
8	5,034	1.82%	5,346	1.83%
9	4,011	1.45%	4,289	1.47%
합계	276,884	100.00%	291,388	100.00%

[표 1]은 1,500만 어절의 세종 형태분석 말뭉치(이하 형태분석 말뭉치)와 1,500만 어절의 세종 형태의미분석 말뭉치(이하 형태의미분석 말뭉치)의 형태소 빈도 자료를 첫 자리 숫자에 따라 1부터 9까지의 유형으로 분류한 분포이다. 형태분석 및 형태의미분석 말뭉치의 첫 자리 숫자별 분포는 각 말뭉치의 형태소 단위 타입수이며, 이를 합계한 형태분석 말뭉치의 276,884와 형태의미분석 말뭉치의 291,388은 각 말뭉치에 분포하는 형태소 단위의 총 타입수이다.[6] 형태의미분석 말뭉치의 타입이 형태분석 말뭉치의 타입보다 약 14,500개 많은 이유는 일반명사, 의존명사, 동사, 형용사, 관형사, 일반부사 중 동음이의어를 형태의미분석 말뭉치에서 세분하기 때문이다(김흥규 외

---

6   예를 들어, '말'의 빈도가 56,194, '사람'의 빈도가 47,187, '때'의 빈도가 36,149일 때, 첫 번째 자리의 숫자가 각각 '5', '4', '3'이므로 [표 1]에서 첫 자리의 숫자가 '5', '4', '3'인 유형에 각각 하나씩 포함된다. 따라서 [표 1]의 빈도 수치는 형태소 단위의 타입수를 나타낸다.

2007).

이렇게 형태분석 말뭉치와 형태의미분석 말뭉치는 타입수의 차이가 있을
지라도, 첫 자리의 숫자가 증가할수록 벤포드 법칙과 유사한 감소 경향의
분포를 보인다. 더구나 형태분석 말뭉치와 형태의미분석 말뭉치의 첫 자리
숫자별 분포는 거의 근접한다. 첫 자릿수 1의 분포 57.52%와 57.15%, 첫
자릿수 2의 분포 16.67%와 16.78% 등 형태분석 말뭉치와 형태의미분석 말
뭉치의 첫 자리 숫자별 분포는 거의 유사하다. 이는 텍스트에서 형태소 단위
의 쓰임이 벤포드 법칙의 일정한 원리를 따르는 것으로 해석할 수 있다.
또한 텍스트에 포함된 타입수는 첫 번째 자리의 숫자별 분포에 영향을 미치
지 못하는 것으로 보아 언어 텍스트를 구성하는 형태소 단위의 고유한 분포
적 특성이 벤포드 분포라 할 수 있다.

[표 2] 형태분석 말뭉치 규모별 타입수

어절수	50만	100만	500만	1,000만	1,500만
타입수	36,188	53,484	144,588	199,532	276,884

이러한 분포적 특성은 다양한 규모의 텍스트 표본에서도 유사하게 관찰
된다. [표 2]는 형태분석 말뭉치에서 추출한 50만, 100만, 500만, 1,000만,
1,500만 어절 규모의 표본과 각 표본의 타입수이다. 각 표본은 어절 규모뿐
아니라, 타입수에 있어서 차이가 있다. 그러나 이 표본들의 첫 자리 숫자별
분포 [그림 3]은 어절 규모 및 타입수의 차이와 상관없이 모두 유사한 첫
자리 숫자별 분포를 보이고 있다. 이를 통해 텍스트의 크기 및 출현 타입수
와 상관없이 형태소는 일정 원리, 즉 첫 자릿수에 따라 비교적 규칙적으로
텍스트에 분포하고 있음을 알 수 있다. 특히, 대부분의 어휘 타입에 대한

다양성 측정 방법은 텍스트 크기 및 어휘 타입수의 영향을 받는다는 점을
고려한다면(Tweedie & Baayen 1998), 텍스트에 나타나는 벤포드 분포는 다양
한 특성의 텍스트에 광범위하게 적용 가능한 측정 방법론이라 할 수 있다.

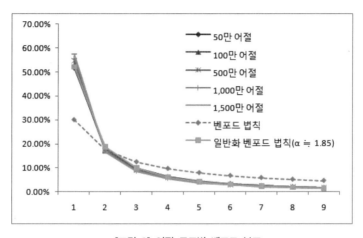

[그림 3] 어절 규모별 벤포드 분포

한편, 텍스트의 분포는 [그림 3]에서 실생활의 수치 자료에 적용되는 벤포
드 법칙 (1)의 분포보다 복잡계의 수치 자료에 적용되는 일반화 벤포드 법칙
(2)의 분포에 근접한다. 이는 형태소로 구성되는 언어 텍스트의 복잡성이
지진과 같은 복잡계와 유사하며, 언어 텍스트를 실생활의 수치 자료에 의해
기술되는 일반적 현상과 구분되는 복잡계로 볼 수 있는 근거가 된다.

4. 텍스트의 벤포드 분포에서 저빈도 타입

Baayen(2001)은 텍스트에 출현하는 타입 중 저빈도 타입의 분포가 상당수

를 차지하는 LNRE(large number of rare events) 특성을 주목하고, 텍스트 분포 연구에서 저빈도 타입의 관찰을 강조하고 있다. 실제로 8,600만 어절의 문어 BNC에서 전체 어휘 타입 중 평균 빈도수 이하의 어휘 타입은 95%, 빈도 3 이하의 어휘 타입은 66%, 빈도 1의 어휘 타입은 46%에 해당한다(Baroni 2009). 이는 한국어 형태분석 말뭉치에서도 마찬가지이다. 전체 형태소 타입 중 빈도 9 이하의 타입은 82.15%, 빈도 3 이하의 타입은 69.21%, 빈도 1의 타입은 49.21%이다. 더구나 빈도가 낮은 타입들의 이러한 분포적 특성은 모든 텍스트에서 일반적으로 관찰되는 현상이다(Möbius 2002). 이처럼 저빈도 타입의 분포가 상당수를 차지하는 텍스트 분포의 다양성 평가에서 이들의 특성이 텍스트의 분포적 특성을 반영한다고 해도 과언이 아닐 것이다.

그러나 텍스트 분포의 다양성 측정에서는 저빈도 타입에 대한 분포적 특성을 간과한 측면이 있다. 표본 텍스트에 분포하는 어휘 또는 형태소의 타입과 토큰 비율은 텍스트 분포 공간에서 관찰되는 전체 토큰수에 대한 전체 타입수로 산출되며(또는 전체 타입수에 대한 전체 토큰수), 어휘 또는 형태소 분포의 다양도를 평가하기 위해 일반적으로 사용되는 측정법이다. 그러나 타입과 토큰 비율은 분포 구성과 관련한 자세한 정보를 제공할 수 없다. 예를 들어 총 10개의 토큰 중에서 총 5개의 타입이 분포한다면, 그 값은 0.5일 뿐 각 타입의 분포적 차이를 반영하지 못한다. 즉, 하나의 타입이 6의 토큰(또는 빈도)을, 나머지 4개의 타입이 각각 1의 토큰을 보이는 사례와 5개의 모든 타입이 각각 2의 토큰을 보이는 사례는 둘 다 분포의 다양도가 0.5인 텍스트로 간주될 뿐이다. 이처럼 타입과 토큰 비율을 이용한 언어 분포의 다양성 측정은 저빈도 타입에 대한 세부적인 분포 정보를 제시하지 못한다.

한편, 텍스트의 분포 원리로 알려진 Zipf(1949)의 지프 법칙(Zipf's Law)은 언어 분포에 대한 예측력이 떨어질 뿐만 아니라, 특히, 저빈도 타입의 분포적 특성을 제대로 반영하지 못하는 문제가 있다.[7] 지프 법칙은 불규칙하게 분포되어 보이는 어휘들을 텍스트에 출현한 빈도 순위에 따라 차례로 나열할 때 로그-로그 척도(log-log scale)에서 기울기 -1의 직선과 유사한 분포가 관찰된다는 법칙으로 주로 텍스트 분포의 다양성 평가 및 예측 모형으로 활용되어 왔다. 그러나 Baayen(2001)은 텍스트의 고빈도 및 저빈도 타입은 일반적으로 지프 법칙의 분포적 예측과 상이한 분포를 보이고 있어서 지프 법칙을 이용한 언어 분포 연구의 문제점을 지적하고 있다. 또한 Baroni(2009)에서는 BNC, 브라운 말뭉치 등의 말뭉치를 통해서, 그리고 Perline(1996)에서는 임의적으로 추출한 표본 텍스트를 통해서 저빈도 타입의 분포 구간에서 지프 분포의 기대치보다 급격한 감소 경향을 보이는 문제를 제기하고 있다.[8]

이러한 지프 법칙의 문제점은 한국어 형태분석 말뭉치에서도 동일하게 관찰된다. [그림 4]는 1,500만 어절의 형태분석 말뭉치에 출현하는 형태소의 지프 분포와 회귀선이다.[9] 형태소의 빈도와 그 순위에 따라 왼쪽에서부터

---

7 언어 분포에 대한 지프 법칙은 언어학보다 프랙털(Fractal) 이론 등의 자연과학 분야에서 주로 논의되어 왔다(Baroni 2009). 이는 언어 분포가 분포적으로 가장 복잡하며, 그 분포 규모의 방대함에 기인한다. 그러나 이들의 연구는 텍스트에 나타나는 알파벳 분포에 주로 집중되어 왔다. 프랙털 이론은 자기유사성(self-similarity)을 통해 불규칙성과 임의성 속에 일정한 규칙성과 질서를 연구하는 기하학적 이론이다. 자기유사성은 나무의 잔가지, 고사리 잎사귀, 인체의 혈관, 증시의 요동 등 개체의 일부분부터 개체의 전체 형태에 이르기까지 전체적인 형상을 반복하는 성질을 의미한다. 프랙털 이론에 대해서 Mandelbrot(1983) 참조.

8 인구의 20%가 전국토의 80%를 소유한다와 같이 소수의 독점 현상을 기술하기 위해 지프 법칙을 80:20 법칙이라고도 한다. 그래서 브라운 말뭉치에 출현하는 어휘의 지프 분포를 주목하고 있는 Kučera & Francis(1967)에서도 분포적 구성 원리보다는 고빈도 어휘의 독점적 분포에 주로 초점이 맞추어져 있다.

9 텍스트에 출현하는 타입의 지프 법칙에 따른 분석과 출력은 R 통계 프로그램에서 languageR 패키지를 이용하면 된다. 자세한 사용법은 Baayen(2008) 참조.

나열할 때, 그 회귀선은 기울기 -1의 직선과 유사하다. 그러나 [그림 4]에서
왼쪽의 고빈도 형태소(상위 빈도 순위) 및 오른쪽의 저빈도 형태소(하위 빈도
순위)의 분포는 회귀선과 큰 차이가 있어 지프 법칙의 예측과 상이하며, 형태
소 분포 타입의 대다수를 차지하는 저빈도 타입의 분포를 적절하게 기술하
지 못하는 문제가 있다.

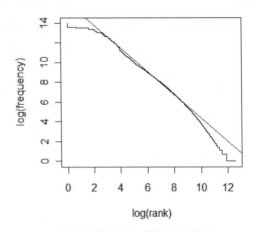

[그림 4] 지프 분포: 형태분석 말뭉치

[표 3] 벤포드 법칙에서 저빈도 형태소 분포 비교

	첫 자릿수 빈도(A)	저빈도 형태소 빈도(B)	(B/A)×100
1	159,262	136,258	85.56%
2	46,168	37,107	80.37%
3	23,583	18,262	77.44%
4	14,812	11,242	75.90%
5	10,226	7,681	75.11%
6	7,798	5,770	73.99%
7	5,990	4,487	74.91%
8	5,034	3,725	74.00%
9	4,011	2,943	73.37%

그러나 벤포드 법칙은 타입과 토큰 비율 및 지프 법칙의 문제점을 보완할 수 있다. 텍스트의 벤포드 분포는 대체로 저빈도 타입의 분포적 경향을 반영한다. [표 3]은 1,500만 어절의 형태분석 말뭉치에서 형태소 빈도 자료의 첫 자리 숫자별 분포와 빈도 1부터 빈도 9까지의 저빈도 형태소의 분포를 비교한 것이다. 첫 자리 숫자가 1로 분류되는 타입 중 실제 빈도가 1인 타입은 85.56%에 해당하며, 실제 빈도가 2부터 9까지의 저빈도 타입은 첫 자리 숫자 분포의 73.37%~80.37%에 해당한다. 이처럼 벤포드 법칙은 텍스트에 분포하는 타입 중 상당수를 차지하는 저빈도 타입의 분포적 특성, 즉 LNRE 의 특성을 아홉 가지 유형으로 구분하여 효과적으로 기술할 수 있다.

그런데 벤포드 법칙이 텍스트의 LNRE 특성만을 반영하는 것은 아니다. [표 3]의 첫 자리 숫자별 분포에는 저빈도 타입 외에도 다양한 빈도의 타입들이 약 15%~27%의 분포를 보이고 있다. 3절에서 살펴본 바와 같이 이러한 타입까지 포함한 첫 자릿수별 분포는 텍스트 크기 및 타입수와 상관없이 벤포드 법칙에 의해 비교적 정확하게 예측되고 있다. 다시 말해서 벤포드 법칙은 타입과 토큰 비율 및 지프 법칙에서 제대로 반영하기 어려운 텍스트의 LNRE 특성을 아홉 가지 유형으로 구분하여 적절하게 기술하면서도, 이를 포함하여 언어 텍스트에 나타나는 전반적인 분포적 규칙성 또한 비교적 정확하게 예측하고 있다. 이는 LNRE 특성 기술 및 언어 분포 모형의 예측력과 관련한 문제를 보이는 지프 법칙과는 분명하게 구분되는 벤포드 법칙의 특성이다.[10]

---

10 익명의 심사자는 지프 법칙과 벤포드 법칙의 유사 가능성을 지적하고 있으나, 지프 법칙은 언어 타입의 순수 빈도수에, 그리고 벤포드 법칙은 언어 타입수에 기반한 분포적 관찰이라는 점에서 근본적 차이가 있다. 이러한 측면은 저빈도에서 많이 나타나는 동일 빈도의 타입들을 통합 빈도로 변환하여 처리하는 지프 법칙의 특성에서도 확인할 수 있다. Zipf(1949)에서는 $N(f^2 - 1/4) = C$(N은 동일 빈도의 타입수, f는 빈도, C는 균형적

5. 큰수의 법칙과 텍스트 크기

언어 분포 연구에서 일정 규모 이상의 분포 공간에서 관찰치가 측정될 때 그 신뢰적 가치를 얻는다고 가정된다. 이에 대한 근거는 확률론의 기본 정리인 큰수의 법칙(law of large numbers)에 기인한다. 즉, 확률은 어떤 사건의 일회적 시행 결과에 대한 예측이 아니라, 충분히 여러 번 반복 시행될 때 관찰 가능한 일반적인 변동 가능성을 나타내는 것이다. 그래서 언어 분포 연구에서는 표본의 크기가 충분히 큰 일정 규모 이상의 분포 공간에서 측정된 관찰치가 일반적인 변동 가능성을 나타낸다고 가정하고 있다.

그런데 큰수의 법칙을 따르는 분포에서 표본 크기가 작으면 어떤 사건의 일반적인 변동 가능성을 나타내는 일정한 값과 실제 관찰치 사이의 편차는 크지만, 표본의 크기가 커짐에 따라 그 편차의 폭은 점차 줄어들어 일정한 값에 근접한 관찰치를 얻을 수 있다. 그러나 이에 따른 관찰치의 변화 유형은 무작위적으로 요동치며, 그 변화 유형은 체계적으로 설명이 불가능하다 (Baayen 2001). [그림 5]는 표본 크기의 증가에 따라 점차 일정한 값에 근접해 가면서 그 편차의 폭은 줄어들지만, 그 변화 유형은 일정한 값을 넘나들며 무작위적으로 요동치는 큰수의 법칙에 해당하는 일반적인 분포 양상이다.

이처럼 비록 큰수의 법칙은 그 변화 유형에 대한 체계적 설명이 어렵지만, 그 변화 유형에 분명히 두 가지 특성이 존재한다. 첫째, 표본의 크기가 증가 할수록 그 편차는 점차 감소하면서 일정한 값에 근접해 간다. 둘째, 표본 크기의 증가에 따른 측정치의 분포는 무작위적으로 일정한 값을 넘나들며

분포를 나타내는 상항의 값) 공식을 통해 동일 빈도의 어휘를 인위적인 통합 빈도로 변환하여 처리하고 있다.

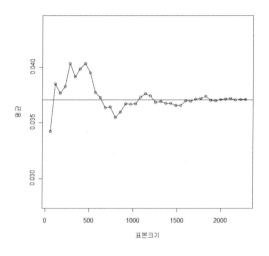

[그림 5] 큰수의 법칙의 분포 예

요동친다. 이 두 가지 특성을 활용하면 어떤 관찰 수치와 큰수의 법칙과 관련한 특성을 평가할 수 있다. 다시 말해서 표본 크기에 따라 이 두 가지 특성을 보이는 관찰치는 큰수의 법칙을 반영한다고 할 수 있다.

한편, 언어 분포 연구에서는 언어 타입의 수가 분포의 다양성을 반영한다는 측면에서 말뭉치 구축과 실험 표본 구성에서 중요한 기준으로 고려되어 왔다.[11] 특히, 말뭉치 구축 및 실험 표본 구성에서 규모의 적절성은 언어 타입 분포의 다양성에 의해 평가될 수 있다고 가정하고, 타입과 토큰 비율의 증가 추이를 통해 그 기준을 설정하고자 하였다.[12] 즉, 타입과 토큰 비율의

---

11 남윤진(1999), Biber & Finegan(1991), Biber 외(1998) 등.

12 남윤진(1999)에서는 형태소 타입의 증가 추이를 통해서, 그리고 장석배(1999)와 Baayen (2001)에서는 어절 타입의 증가 추이를 통해서 언어 분포 연구에 적절한 말뭉치 및 실험 표본 규모의 기준 설정을 시도하고 있다. 남윤진(1999)에서는 표본 텍스트의 적정 규모를 1,000어절 이상으로 제시하고 있다.

증가 추이가 완만하게 나타날 때의 텍스트 크기를 큰 수의 법칙에 부합하는 일정한 값을 추출할 수 있다고 간주한 측면이 있다.

그러나 대규모 말뭉치와 같이 충분히 큰 규모의 텍스트에서도 새로운 타입의 어휘나 형태소는 지속적으로 출현한다. [그림 6]은 형태분석 말뭉치 중 신문, 잡지, 소설, 수필, 정보 장르의 텍스트를 균형적으로 추출하여 총 461,500 어절 규모의 표본 텍스트를 구성하고, 어절수 증가에 따른 형태소 타입수 분포를 500 어절 구간마다 측정하여 나타낸 것이다. 40만 어절이 넘은 구간에서도 지속적으로 형태소 타입수가 증가하고 있으며, 증가 추이 또한 간과하기 어려운 정도의 증가세를 보이고 있다. 이는 신조어가 계속 생성되어 사용되는 언어의 특성상 당연한 현상이라 할 수 있다. 그래서 Baroni(2009)와 장석배(1999)에서 관찰된 바와 같이 말뭉치를 충분한 규모로 구축한다 하더라도 간과하기 어려울 정도의 새로운 어휘 또는 어절 타입이 지속적으로 나타난다. 100만 어절 규모의 브라운 말뭉치에서 2.4%의, 그리고 8,600만 어절 규모의 문어 BNC에서 0.3%의 어휘 타입 증가율을 여전히

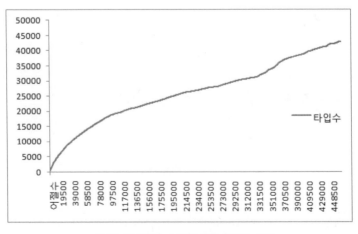

[그림 6] 어절수 증가에 따른 타입수 분포

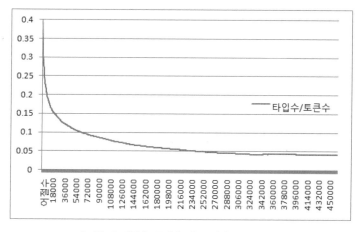

[그림 7] 어절수 증가에 따른 타입수/토큰수 비율

나타내고 있으며(Baroni 2009), 연세 말뭉치의 4,100만 어절과 4,180만 어절 구간에서도 0.2%의 타입 증가율을 보이고 있다(장석배 1999).

이와 관련하여 어절 증가에 따른 타입과 토큰의 비율값 변화 추이를 나타낸 [그림 7]에서 큰수의 법칙에 해당하는 일반적인 무작위적 변화 유형은 찾아보기 힘들다. 어절 증가에 따라 타입과 토큰 비율은 지속적으로 감소 추세를 보일 뿐, 큰수의 법칙과 관련한 일반적인 무작위적 요동은 찾아볼 수 없다. 다만, 텍스트의 크기를 무한하게 확장하면, 타입과 토큰 비율은 0에 근사한 값에 수렴될 것으로 예측될 뿐이다. 이는 실제 텍스트 또는 말뭉치에서는 관찰되기 어려운 값으로 판단된다.[13]

반면, 텍스트에 출현하는 형태소의 분포를 벤포드 법칙에 따라 관찰할

---

13 8,600만 어절 규모의 문어 BNC(Baroni 2009), 4,000만 어절 규모의 연세 말뭉치(장석배 1999)에서 꾸준히 새로운 타입의 어휘가 출현하는 것으로 보아 실제 텍스트 또는 말뭉치에서 큰수의 법칙을 따른 값을 관찰하기는 어려워 보인다.

경우, 첫 자리 숫자별 분포는 어절 증가에 따라 일정한 값을 넘나들며 일정한 값에 근접함을 보인다. [그림 8]은 어절 증가에 따라 첫 자리 숫자별 분포를 제시한 것이다. 이들의 분포는 타입과 토큰 비율값의 변화와 다르게 모두 일정한 값에 근접하여 분포하고 있다. 이는 벤포드 법칙과 관련하여 텍스트 분포 측정이 큰수의 법칙에 부합함을 의미한다. 물론 분포 값의 변동이 전혀 없는 것은 아니나, 그 변동성은 크지 않다. 이는 한편으로 벤포드 법칙을 이용하여 텍스트 분포를 측정할 때 텍스트 크기에 대한 영향이 크지 않음을 의미한다. 이러한 특성은 3절에서 텍스트 크기와 타입수와 상관없이 유사하게 분포하는 텍스트의 분포적 특성을 통해 확인한 바 있다. 이는 4절에서 언급한 것처럼 저빈도 타입의 규칙적 분포를 적절하게 반영하는 벤포드 법칙의 특성에 기인한다고 할 수 있다.[14]

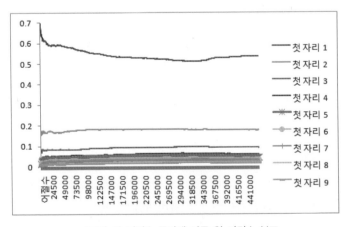

[그림 8] 어절수 증가에 따른 첫 자릿수 분포

---

14   [그림 8]의 500어절 구간에서도 첫 자릿수 1부터 9까지 각각 0.7, 0.153, 0.071, 0.02, 0.014, 0.016, 0.006, 0.01, 0.008의 분포를 보인다.

6. 텍스트의 표준 벤포드 분포

텍스트에 나타나는 벤포드 분포는 비교적 유사하게 나타나지만, 텍스트마다 비교 가능한 정도의 분포적 차이를 보인다. [그림 9]는 두 표본 텍스트의 벤포드 분포를 비교한 것이다. 표본 1은 7,793 타입수의 35,124 어절, 표본 2는 8,008 타입수의 63,641 어절이다. 표본 1은 첫 자리 숫자가 1의 분포가 우세한 반면, 표본 2는 첫 자리 숫자가 2의 분포가 우세하다. 이는 표본 1에 빈도 1의 형태소가, 표본 2에 빈도 2의 형태소가 우세한 분포를 나타내는 것으로 볼 수 있다. 이처럼 벤포드 분포를 이용하여 텍스트의 비교가 가능하지만, 이러한 비교는 비교 대상 텍스트 사이의 상대적인 분포적 특성에 의존하며, 비교 대상 텍스트 사이에서만 유효할 뿐이다.

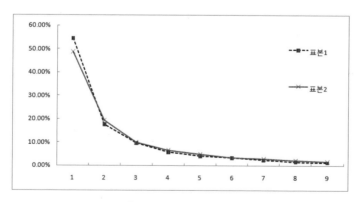

[그림 9] 두 표본 텍스트 분포 비교

그런데 만약 텍스트의 분포 평가를 위한 표준 벤포드 분포가 마련된다면, 동일 기준을 적용하여 모든 텍스트의 평가가 가능할 것이다. 특히, 타입과 토큰 비율과 달리 텍스트의 벤포드 분포는 비교적 텍스트 크기 및 타입수에 의한 영향이 적다는 점을 감안한다면, 텍스트 크기와 타입수에 상관없이 일반적인 텍스트와 개별 텍스트 사이의 분포적 차이를 일관성 있게 관찰할 수 있을 것으로 판단된다.

이는 한편으로 균형 말뭉치 구축 및 표본 텍스트 구성 방법론으로 활용될 수 있을 것이다. 지금까지의 균형 말뭉치 구축 및 표본 텍스트 구성 방법론 연구는 대체로 장르의 균형성 및 규모의 적절성과 관련된 기준만을 제시하고 있다. 장르별 균형은 정찬섭 외(1991)과 같이 장르별 독서실태 조사를 통한 언어 사용 구성비를 반영하거나, 남윤진(1999)와 같이 장르별로 균등하게 구성하고 있다.[15] 또한 말뭉치 및 실험 표본 크기의 적절성 연구에서는 주로 타입 증가 추이 측정을 통해서 적절한 텍스트 크기를 설정하고 있다. 그러나 이러한 접근에서는 텍스트에 출현하는 타입들의 분포적 원리에 대한 고려는 배제되어 있다(Baroni 2009). 만약 텍스트 분포 평가에 적용 가능한 보편적인 분포 원리가 마련된다면 균형 말뭉치 구축 및 표본 텍스트 구성에 대한 기준으로도 활용될 수 있을 것이다.

텍스트의 표준 벤포드 분포를 탐색하기 위한 단서는 벤포드 법칙이 다양한 분야의 자료에서 임의적 방법으로 편향되지 않게 추출되어 구성된 표본에서만 관찰되는 분포라는 것이다(Hill 1998; Gottwald 2002). 물론 대규모 말뭉치가 다양한 분야에서 수집된 텍스트이므로 이러한 특성에 부합하는 자료라 할 수도 있지만, 보다 임의적 방법으로 추출된 표본 텍스트를 통해서 임의적 분포의 특성을 관찰할 필요가 있다. 특히, 언어 텍스트에 대한 분포 연구가 임의적이지 않은 분포에 관심이 있다는 점을 고려한다면(Baayen

---

15   언어 사용 구성비를 고려한 장르별 균형은 말뭉치 구축 측면에서, 그리고 장르별 균형 분포는 실험 표본 구성 측면에서 주목을 받아왔다.

2001), 이를 평가할 수 있는 임의적 텍스트의 분포적 특성에 대한 기준 설정은 언어 분포 연구에서 매우 중요하다 하겠다. 본 논문에서는 임의적 텍스트의 분포적 특성을 표준 벤포드 분포로 제안하고, 임의적이지 않은 텍스트 분포를 비교하기 위한 기준으로 제시한다.

이를 위해 형태분석 말뭉치의 장르별 22개 파일에서 균형적으로 약 60만 어절 규모의 1차 표본을 구성하고, 1차 표본을 대상으로 다시 4개의 2차 표본 텍스트를 추출하여 형태소 타입의 분포를 관찰한다. 임의적 방법으로 2차 표본을 추출하기 위해 표본 추출 대상 연속 어절 구간과 표본 추출 제외 연속 어절 구간을 다양하게 구성하여 4개의 2차 표본 텍스트를 추출한다. 예를 들어, 텍스트에서 연속되어 출현하는 500 어절을 표본 추출하고, 그 뒤에 출현하는 500 어절은 표본 추출에서 제외하고, 또 다시 그 다음의 연속 500 어절을 표본 추출한다. 이렇게 <표본 추출 대상 어절 구간 – 표본 추출 제외 어절 구간>을 다양하게 적용하여 추출한 500-500, 500-1000, 1000-500, 1000-1000의 2차 표본을 구성한다.

[표 4]는 임의적 표본 추출 방법에 따라 추출된 2차 표본별 어절수 및 타입수로, 각 표본마다 어절수 및 타입수에서 차이를 보인다. [표 5]는 이 4가지 2차 표본 텍스트의 벤포드 분포를 나타낸 것이다. 다양한 장르에서 임의적인 방법으로 표본 추출한 4가지 표본은 어절수 및 타입수에서 차이가 있지만 거의 동일한 벤포드 분포를 나타낸다.[16]

---

16 반면, 이 표본들에서 관찰되는 어절수에 따른 타입과 토큰 비율값을 상관 분석해보면, −0.96을 나타낸다. 이는 어절수와 타입과 토큰 비율값의 상관성이 통계적으로 매우 높은 것을 의미하며, 타입과 토큰 비율은 텍스트 크기에 대한 의존성이 큰 측정값임을 나타낸다. 다시 말해서, 동일 크기의 표본 텍스트에서만 제한적으로 적용할 수 있는 다양도 측정법이라 할 수 있다.

[표 4] 임의적 표본의 어절수 및 타입수

표본	500-500	500-1000	1000-500	1000-1000
어절수	306,125	204,125	408,125	306,125
타입수	29,518	24,260	34,330	29,587

[표 5] 임의적 표본의 벤포드 분포와 평균

표본 첫 자릿수	500-500	500-1000	1000-500	1000-1000	평균
1	52.85%	53.73%	52.94%	52.45%	52.99%
2	17.67%	17.50%	17.44%	17.99%	17.65%
3	9.51%	9.65%	9.75%	9.64%	9.64%
4	6.11%	5.98%	6.06%	6.06%	6.05%
5	4.24%	4.32%	4.33%	4.31%	4.30%
6	3.38%	3.17%	3.16%	3.29%	3.25%
7	2.51%	2.32%	2.46%	2.54%	2.46%
8	2.11%	1.83%	2.02%	1.96%	1.98%
9	1.61%	1.50%	1.84%	1.76%	1.68%
합계	100.00%	100.00%	100.00%	100.00%	100.00%

특히, 이 표본들은 다양한 장르에서 임의적 방법으로 편향되지 않게 추출된 것이므로, 이러한 분포를 임의적 텍스트에서 관찰되는 형태소 분포로 볼 수 있을 것이다. 본 연구에서는 이들의 평균 분포를 텍스트의 표준 벤포드 분포로 설정한다.[17]

임의적 특성의 표본을 통해 관찰된 표준 벤포드 분포는 말뭉치나 표본 텍스트의 분포적 임의성을 검증 및 비교하는 잣대로 활용될 수 있다. [그림 10]은 표준 벤포드 분포와 1,500만 어절의 형태분석 말뭉치를 첫 자리 숫자

---

17 물론 보다 광범위한 자료의 관찰을 통해서 표준 벤포드 분포를 보완할 필요가 있다.

별 분포를 비교한 것이다. 형태분석 말뭉치는 첫 자리 숫자가 1인 분포가
우세한 반면, 표준 벤포드 분포는 첫 자리 숫자가 1인 분포를 제외하고 2부
터 9까지의 분포에서 형태분석 말뭉치보다 우세하다. 이는 저빈도 형태소
타입 분포에서 빈도 1 타입의 분포 비중이 임의적 텍스트보다 형태분석 말
뭉치가 높다는 것을 나타낸다.[18]

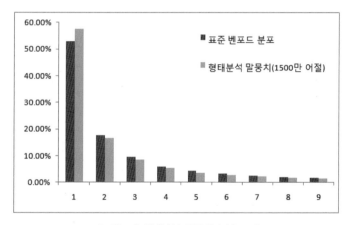

[그림 10] 형태분석 말뭉치의 분포 비교

이처럼 표준 벤포드 분포를 이용하여 규모가 큰 말뭉치의 분포적 특성도
평가할 수 있지만, 규모가 작은 개별 텍스트의 분포적 특성 또한 동일 기준
에 따라 평가할 수 있다. [그림 11]은 [그림 9]의 두 표본 텍스트와 표준
벤포드 분포를 비교한 것이다. 7,793 타입수, 35,124 어절의 표본 1은 표준

---

18 Baroni(2009)의 지적처럼 말뭉치의 균형적 구성 연구에서 구성 원리보다는 다양한 특성
   의 텍스트 구성에 초점이 맞추어져 온 측면이 있다. 그래서 4절에서 언급한 것처럼
   BNC, 브라운 말뭉치 등에서도 저빈도 타입의 분포가 지프 법칙의 예측과 비교해서도
   차이가 크다. 이에 대해서는 좀 더 많은 논의가 필요할 것으로 보인다.

벤포드 분포에 비해 첫 자리 1의 분포가 강한 반면, 첫 자리 4, 5, 8, 9의 분포가 약하다. 표본 1의 분포는 [그림 10]의 형태분석 말뭉치와 유사한 측면도 있지만, 표준 벤포드 분포와 비교하여 약한 분포를 보이는 첫 자리 숫자에 차이가 있다. 또한 8,008 타입수, 63,641 어절의 표본 2는 표준 벤포드 분포에 비해 첫 자리 1의 분포가 약할 뿐, 그 외의 첫 자리 숫자별 분포는 유사하거나 우세하다. 특히 표본 2의 어절수에 대한 타입수 비율값(타입수/어절수) 0.126과 표본 1의 어절수에 대한 타입수 비율값 0.222의 차이에 대한 설명으로, 다시 말해서, 어절수에 비해 타입수가 적은 이유로 표본 2에서 첫 자리 숫자 2의 두드러진 분포를 제시할 수 있다.

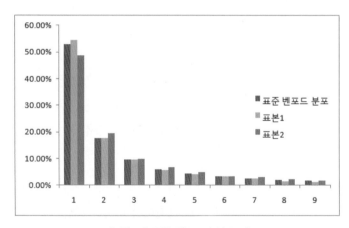

[그림 11] 표본 텍스트의 분포 비교

이렇게 대규모의 말뭉치 및 소규모의 표본 텍스트에 대한 분포적 평가는 표준 벤포드 분포, 즉, 임의적 텍스트의 분포적 특징과 비교된다. 이를 통해 분포적 특성을 텍스트 크기와 상관없이 임의성에 기반한 일관된 기준에 따라 평가할 수 있으며, 그 특징을 세부적으로 관찰할 수 있다.

7. 결론

지금까지 본 논문에서는 형태분석 말뭉치에서 추출한 형태소 빈도 자료를 통해 텍스트에 나타나는 벤포드 법칙에 대해 논의하였다. 첫째, 텍스트, 말뭉치, 또는 표본 텍스트는 지진과 같은 복잡계의 수치 자료와 유사한 벤포드 분포를 따른다. 이는 자연스럽게 생산된 텍스트의 본질적인 특성이자 텍스트 분포를 지배하는 분포 원리로 간주된다. 둘째, 언어 텍스트에 나타나는 벤포드 분포는 언어 텍스트에 분포하는 타입 중 상당수를 차지하는 저빈도 타입, 즉, LNRE의 특성을 효과적으로 반영하면서도, 전반적인 분포적 특성을 비교적 정확하게 예측한다. 이러한 측면에서 지프 법칙의 문제점을 보완할 수 있는 언어 분포 모형이 벤포드 법칙이라 할 수 있다. 셋째, 벤포드 법칙은 텍스트의 크기 및 타입수와 비교적 상관없이 텍스트의 분포적 특성을 관찰할 수 있어, 텍스트 크기 및 타입수에 영향을 많이 받는 타입과 토큰 비율값을 대체할 수 있는 연구 방법론이다. 그래서 벤포드 법칙의 임의적 분포를 바탕으로 개별 텍스트, 말뭉치 등 다양한 특성의 텍스트를 텍스트 크기 및 타입수에 상관없이 일관된 기준에 따라 평가할 수 있다.

이와 같이 벤포드 법칙은 언어 텍스트의 분포적 원리이면서, 언어 분포의 예측 모형으로서, 그리고 언어 분포의 다양성 평가 방법론으로서 활용이 가능하다. 특히, 벤포드 법칙은 언어 분포의 예측 모형으로 많이 사용되는 지프 법칙에 비해 비교적 정확한 예측력을 보일 뿐만 아니라, 텍스트 크기 및 타입수에 상관없이 텍스트의 분포적 특성을 평가할 수 있어서 유사한 텍스트 크기에서만 제한적으로 적용될 수 있는 타입과 토큰 비율의 한계점을 보완하고 있다. 따라서 언어 분포 연구의 연구 방법론으로서 벤포드 법칙의 활용 가능성은 아주 높다고 할 수 있다.

한편, 벤포드 법칙은 미래의 주가지수, 인구통계 자료 등을 예측하는 수학적 예측 모형으로서(Hill 1998), 회계 분야에서 부정 회계 또는 인위적 조작 자료의 탐지 방법으로서(Nigrini 1996) 활용되는 만큼, 언어 분포와 관련된 예측과 오류 검출 방법론으로도 폭넓게 활용될 수 있을 것이다. 그리고 또 하나의 언어 분포 원리인 지프 법칙과 보다 면밀한 비교 검토를 통하여 언어 텍스트의 본질적인 분포적 특성을 파악할 필요가 있다. 이러한 가능성은 향후 과제로 남기기로 한다.

참고문헌

Baayen, R. H. 2001. *Word Frequency Distributions*. Kluwer Academic Press, Dordrecht.

Baayen, R. H. 2008. *Analyzing Linguistic Data: A Practical Introduction to Statistics Using R*. Cambridge University Press, Cambridge.

Barlow, J. & E. Bareiss. 1985. On Roundoff Error Distribution in Floating Point and Logarithmic Arithmetic. *Computing* 34, 325‒347.

Baroni, Marco. 2009. Distributions in texts. In A. Lüdeling & M. Kytö (eds.), *Corpus Linguistics: An international handbook* (Volume 2). Mouton de Gruyter, Berlin, pp.803‒821.

Benford, Frank. 1938. The Law of Anomalous Numbers. *Proceedings of the American Philosophical Society* 78, 551‒572.

Biber, Douglas & Edward Finegan. 1991. On the Exploitation of Computerized Corpora in Variation Studies. In K. Aijmer & B. Altenberg (eds.), *English Corpus Linguistics*. Longman, London, pp.204‒220.

Biber, Douglas, Susan Conrad, & Randi Reppen. 1998. *Corpus Linguistics: Investigating Language Structure and Use*. Cambridge University Press, Cambridge.

Brown, Richard J. C. 2007. The Use of Zipf's Law in the Screening of Analytical Data: A Step beyond Benford. *Analyst* 132, 344‒349.

Gleick, James. 1993. 카오스: 현대과학의 대혁명(원제: *Chaos ‒ Making a New Science*). 박배식 · 성하운 공역. 동문사, 서울.

Gottwald, Georg A. & Matthew Nicol. 2002. On the Nature of Benford's Law. *Physica A* 303, 387‒396.

Hill, Theodore P. 1996. A Statistical Derivation of the Significant‒digit Law. *Statistical Science* 10, 354‒363.

Hill, Theodore P. 1998. The First Digit Phenomenon. *American Scientist* 86, 358‒363.

Kučera, Henry & W. Nelson Francis. 1967. *Computational Analysis of Present-Day American English*. Brown University Press.

Ley, E. 1996. On the Peculiar Distribution of the U.S. Stock Indicers Digits. *The American Statistician* 50, 311-313.

Mandelbrot, Benoit. 1983. *The Fractal Geometry of Nature*. W. H. Freeman, San Francisco.

Möbius, Bernd. 2002. Rare Events and Closed Domains: Two Delicate Concepts in Speech Synthesis. *International Journal of Speech Technology* 6, 57-71.

Nigrini, M. 1996. A Taxpayer Compliance Application of Benford's Law. *Journal of the American Taxation Association* 18, 72-91.

Perline, Richard. 1996. Zipf's Law, the Central Limit Theorem, and the Random Division of the Unit Interval. *Physical Review E* 54-1, 220-223.

Pietronero, L., E. Tosatti, V. Tosatti, & A. Vespignani. 2001. Explaining the Uneven Distribution of Numbers in Nature: The Laws of Benford and Zipf. *Physica A* 293, 297-304.

Schatte, P. 1988. On Mantissa Distributions in Computing and Benford's Law. *Information Processing and Cybernetics* 24, 443-455.

Tweedie, Fiona & H. Baayen. 1998. How Variable may a Constant be? Measures of Lexical Richness in Perspective. *Computers and the Humanities* 32, 323-352.

Zipf, George Kingsley. 1949. *Human Behavior and the Principle of Least Effort: An Introduction to human Ecology*. Addison-Wesley Press, Cambridge.

김흥규·강범모·홍정하. 2007. 21세기 세종계획 현대국어 기초말뭉치: 성과와 전망. 제19회 한국 및 한국어 정보처리 학술대회 발표 논문집, 311-316.

남윤진. 1999. 균형 코퍼스 구축을 위한 실험적 연구(1): 표본 크기 및 텍스트 범주의 문제를 중심으로. 서상규 편, 언어 정보의 탐구 1. 연세대학교 언어정보개발연구원, 41-78쪽.

장석배. 1999. 코퍼스 규모와 어절 타입 증가간의 상관성에 대한 연구. 서상규 편, 언어 정보의 탐구 1. 연세대학교 언어정보개발연구원, 159-210쪽.

정찬섭·이상섭·남기심·한종철·최영주. 1990. 우리말 낱말 빈도조사표본의 선정 기준. 사전편찬학연구 3. 서울: 탑출판사.

중국의 자연어처리 연구 현황과 발전 추세

강병규 · 박민준

1. 서론

언어에 특화된 인공지능 개발을 목표로 하는 자연어처리(NLP) 연구는 컴퓨터로 의사소통을 하고자 하는 인간의 열망으로 발전을 거듭해 왔다. 그 결과 딥러닝 모델을 활용하여 점점 인간의 언어 능력에 근접한 자연어처리 시스템까지 출현하게 되었다. 딥러닝 모델은 인간의 시각 인지, 청각 인지 분야에서 매우 훌륭한 성능을 발휘하고 있고 근래에는 인간의 언어 이해와 처리 분야에서도 획기적으로 향상된 효율성과 정확성을 보여주었다. 특히 2019년을 기점으로 자연어처리 분야의 연구는 이전과 양적으로나 질적으로 다른 연구 결과가 발표되었고 이제는 심지어 언어 문제마저 인공지능에 의해 해결될 것이라는 전망이 나오기도 한다. 만약 사람들이 누구나 쉽고 편리하게 자연어처리 시스템(구문분석, 의미분석, 감성분석, 자유대화, 질의응답, 정보검색, 다국어번역, 문서요약, 글쓰기 등)을 이용할 수 있다면 우리가 그동안 추구해 왔던 전통적인 방식으로 언어를 배우고 연구할 필요가 있을까라는 의문이 들기도 한다. 더욱이 필자처럼 중국어를 배우고 연구하는 전공자들에게는 급부상하는 자연어처리 기술이 막연하지만 매우 큰 위협으로 느껴진다.

시진핑 시대 중국은 경제, 군사력 등의 하드 파워 뿐 아니라 정치 체제와 기술력 등의 소프트파워에서도 미국을 따라잡을 수 있다는 자신감을 바탕으로 과거 도광양회(韜光養晦)적 태도를 버리고 2018년 미국과 공개적인 무역전쟁을 벌일 정도로 국제사회에서 제 목소리를 내고 있다. 또한, 인공지능(AI) 기술 발전과 산업 구축을 국가 발전 아젠다로 삼고 미래 4차 산업 사회의 디지털 경제를 선점하기 위해 엄청난 자본과 인력을 투입하고 있다. 2015년 발표한 '중국제조 2025' 계획은 AI 핵심 기술 분야에 10조 위안(한화 약 1800조원)을 투자한다고 밝히고 있다. 중국은 2020년 기준 AI 관련 논문의 양적 지표에서 이미 세계 1위이며, 질적 지표인 논문 피인용수도 1위인 미국을 바짝 추격하고 있다.[1] 또한, 중앙 및 정부의 산학연 생태계 구축과 개인정보 보호와 저작권으로부터 상대적으로 자유로운 중국의 빅데이터 수집 환경도 AI 기술 발전 요인으로써 긍정적으로 작용하고 있다.

이러한 상황에서 본고는 중국의 자연어처리 연구가 어떤 수준으로 진행되고 있는지를 살펴보고 그 발전 추세를 논의하는 데 목적이 있다. 본고에서 다루고자 하는 내용은 크게 세 가지이다. 첫째, 국제 학계에서 중국의 자연어처리 연구가 양적으로나 질적으로 어떠한 수준에 있는지를 살펴볼 것이다. 둘째, 중국내 자연어처리 학술대회와 학술지를 통해서 얼마나 많은 논문들이 발표되고 어떤 분야의 연구가 진행되는지 고찰할 것이다. 셋째, 현재에

---

1   중국 정부가 2019년 발표한 '차세대 인공지능 발전 연구 보고서'에 따르면 2013-2018년 세계에서 발표된 AI 관련 논문은 총 30만 5000여 편이며, 이 가운데 중국은 7만 4000여 편으로 선두에 올랐다. 미국 앨런 연구소의 2021년 보고서에 따르면 AI 인용횟수 상위 10% 논문의 점유율에서 중국은 26%로 1위 미국(29%)을 바짝 추격하고 있다. [한국경제 신문 '14억 인구 빅데이터가 무기…중국, 세계 'AI 패권' 노린다'] https://www.hankyung.com/society/article/2020102754491

이르기까지의 중국 전산언어학의 발전 흐름을 개략적으로 살펴보고 앞으로의 발전 추세를 논의하고자 한다. 국내에서 다양한 자연어처리 연구를 시도하고 있는 현 시점에서 중국의 인공지능 고도화 정책의 핵심 영역인 자연어처리 연구 현황을 살펴보는 작업은 한국어 자연어처리 연구의 방향을 새롭게 점검하는 기회가 될 것이다.

2. 자연어 처리(NLP) 국제 학계에서의 중국의 위상

2.1. 국제학술대회(ACL) 논문 발표 실적으로 살펴본 중국의 자연어처리 연구현황

연구방법론의 변화가 빠르고 다양한 응용시스템이 수시로 개발되는 학문의 특성상 자연어처리 연구 분야는 학술지 논문 이외에도 학술대회 발표논문이 현재의 연구수준을 파악하기에 적합하다. 특히 ACL, EMNLP,[2] CoNLL[3] 등 NLP분야에서 대표성을 지니는 국제 학술대회 발표논문은 중국의 연구수준을 살펴보는데 좋은 참고자료가 된다.

본고에서 살펴보고자 하는 것은 세계 전산언어학학회(ACL)의 연례 학술

---

2   Empirical Methods in Natural Language Processing(EMNLP)는 전산언어학 분야에서 ACL과 함께 영향력이 높은 학술대회로서 1996년도 이래 매년 개최되어오고 있다. 학회 명칭처럼 이론보다는 데이터 중심(data-driven)의 경험적 모델을 주로 다룬다.

3   Conference on Computational Natural Language Learning(CoNLL)은 ACL의 자연어처리그룹(SIGNLL)이 주관하는 학술대회로서 1997년 이래 매년 개최되어오고 있다. 초기 CoNLL에서는 CoNLL 2000 corpus, CoNLL format 등 얕은 구문 분석(Chunking), 개체명 인식(NER) 분야에 널리 쓰이고 있는 자연어처리의 주요 분석틀이나 태깅 규범 등이 제시되었다.

대회 발표 논문이다. ACL(Association for Computational Linguistics)은 세계적으로 전산언어학과 자연어처리를 연구하는 가장 전문적이고 권위 있는 국제학회이다. ACL은 1962년에 설립된 국제학회로서 매년 여름 여러 나라 연구자들이 모여 연구 결과를 발표하는 학술대회를 개최해 왔다. 2015년에는 북경에서 제53회 ACL 학술대회가 개최되었고, 올해 2022년 5월에는 제60회 ACL 학술대회가 더블린에서 개최될 예정이다.

2.1.1. ACL 투고논문 수량의 증가

ACL 학술대회를 통해 볼 때 눈에 띄는 것은 최근 들어 투고되는 논문이 급증하고 있다는 점이다. 특히 2019년과 2020년을 주목할 만하다. 2019년에 투고된 논문은 2,906편으로서 1년 전보다 무려 1,300편 이상이 증가했다. ACL 2019 주최 측에서 언급하였듯이 2019년은 ACL 역사상 투고논문이 가장 급증한 해이다.[4] 아래의 도표에서 보이듯이 지난 20여 년간 ACL 학술대회에 투고된 논문은 해마다 증가해 왔지만 2019년에 증가폭이 가장 크다.

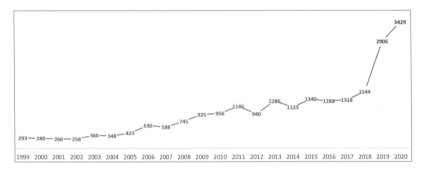

[그림 1] 최근 20여년 ACL 학술대회 투고 논문수

---

4   웹페이지 참고: https://acl2019pcblog.fileli.unipi.it/

2000년-2010년에는 250편-1,000편의 논문이 투고되었다. 2011년-2018년에는 1,000편-1,600편의 논문이 투고되었다. 그러다가 2019년에는 2,906편이 논문이 투고되었고, 2020년에는 3,429편의 논문이 투고되었다.

최근 ACL 학술대회에 투고되는 논문수가 급증하는 추세를 통해 우리는 자연어처리 분야에서 매우 다양한 연구가 시도되고 있다는 것을 짐작할 수 있다. 인공지능 분야의 권위자인 Andrew Ng(吳恩达)은 딥러닝에 기반한 획기적인 성과가 나온 분야가 '음성(speech) → 시각(vision) → 자연어처리(NLP)'의 순서대로 점차 확대되어 왔다고 하였다.[5]

상술하면, 자연어처리 연구에 인공신경망(Artificial Neural Network, ANN) 기반의 딥러닝 기술이 본격적으로 도입된 계기는 단어 임베딩(Word2vec, Mikolov et al. 2013)으로 볼 수 있는데, 그 이후로 Sequence-to-sequence (Sutskever et al, 2014), Attention(Bahdanau et al, 2014), Google의 신경망 기계 번역(Wu et al, 2016), Transformer(Vaswani, et al, 2017), BERT(Devlin et al, 2018), GPT(Ethayarajh, 2019) 등 성능이 개선된 다양한 딥러닝 모델이 공개되었고, 이것을 자연어처리 제반 영역에 적용한 연구가 발표되면서 [그림 1]에서 나타나듯이 2018년 전후로 연구 논문수가 급증한 것으로 해석된다.

2.1.2. ACL 투고 분야별 논문 현황

아래는 ACL 대회 발표논문 모집 공고(call for papers)[6]에 명시된 연구 분야와 실제 투고된 논문의 선정률을 제시한 표이다.

---

5   Andrew Y. Ng(2020.7.30.), DeepLearningAI에서 개최한 "Break into NLP" 온라인 세미나 참조. https://youtu.be/SzAmGg2TVBg

6   https://acl2020.org/calls/papers/#submissions

[표 1] ACL 2020에 투고된 논문의 주제별 분포

순위	분야	투고 논문	선정 논문	선정률
1	NLP를 위한 머신러닝 Machine Learning for NLP	296	67	22.6%
2	의미분석(어휘, 문장, 텍스트) Semantics: Lexical, sentence-level, textual inference	279	70	25.1%
3	대화분석 Dialogue and Interactive Systems	250	62	24.8%
4	기계번역 Machine Translation	245	68	27.8%
5	정보추출 Information Extraction	227	52	22.9%
6	NLP 응용시스템 NLP Applications	213	48	22.5%
7	자연어 생성 Generation	198	49	24.7%
8	감성분석 Sentiment Analysis	161	33	20.5%
9	질의응답 Question Answering	150	33	22.0%
10	언어자원 및 평가 Resources and Evaluation	120	42	35.0%
11	문서요약 Summarization	115	30	26.1%
12	소셜미디어 분석 Computational Social Science and Social Media	108	23	21.3%
13	NLP 모델의 해석 및 분석 Interpretability and Analysis of Models for NLP	95	29	30.5%
14	정보검색 Information Retrieval and Text Mining	86	20	23.3%
15	음성 및 다매체 처리 Speech and Multimodality	62	16	25.8%

16	인지모델 및 심리언어학 Cognitive Modeling and Psycholinguistics	62	13	21.0%
17	구문분석 Syntax: Tagging, Chunking and Parsing	60	16	26.7%
18	담화분석 Discourse and Pragmatics	56	10	17.9%
19	음운론 · 형태론 · 단어 분절 Phonology, Morphology and Word Segmentation	49	15	30.6%
20	NLP 윤리 Ethics and NLP	44	13	29.5%
21	NLP 형식주의 이론 Theory and Formalism in NLP (Linguistic and Mathematical)	12	5	41.7%

위 표에서 보이듯이 많은 논문이 투고되는 분야는 머신러닝(ML), 의미분석, 자동대화분석, 기계번역(MT), 정보추출(IE), 질의응답시스템, 감성분석(SA), 문서요약 등이다. 이들 영역은 지난 20년간 꾸준히 투고논문 수 상위권을 차지해 왔다. 예를 들어 기계번역은 ACL 초창기 때부터 지금까지 오랫동안 연구되어온 분야인데 최근의 신경망 번역(Neural Machine Translation, NMT)이 도입되면서 새롭게 주목을 받고 있다.

한편, 자연어생성(Natural Language Generation, NLG)은 소셜미디어 분석과 함께 최근 주목을 받고 있는 분야로, 과거에 비해 투고논문 수량이 급증하였다. 과거에는 주어진 입력값만을 대상으로 기계학습을 수행하였다면, 최근에는 주어진 입력값을 받아 모델 내부(decoder)에서 일차적인 출력값을 얻어내고 이것을 다시 입력값으로 활용하는 자기회귀적(autoregressive) 모델이 고안되면서, 자연어생성 그 자체가 목표가 되는 챗봇(chatbot), 이미지 캡셔닝(image captioning) 뿐만 아니라 기계번역, 감성분석 등 기타 영역의 모델 학습

수단으로써 자연어생성 기법이 널리 활용되고 있다.

2.1.3. ACL 투고 논문의 국가별 비중과 중국의 위상

자연어처리 학술대회에 참가하는 연구자를 국가별로 보면 근래에는 미국과 중국이 압도적으로 높은 비율을 차지한다. 2019년 이전까지는 미국에서 활동하는 연구자가 가장 많은 비중을 차지하였다.

중국은 2000년대 이후로 자연어처리 연구자가 꾸준히 증가해 왔다. 그리고 2015년 이후부터는 연구자 증가 폭이 매우 커졌다. 현재 중국은 미국과 함께 자연어처리 연구를 가장 활발하게 하는 나라가 되었다.

ACL 2020 학술대회 논문 투고자를 국가·지역별로 분석해 보면 중국이 1,084명으로 1위를 차지한다. 미국은 1,039명의 연구자가 논문을 투고하였다. ACL 2019 학술대회에서는 미국 연구자가 820명, 중국 연구자가 817명

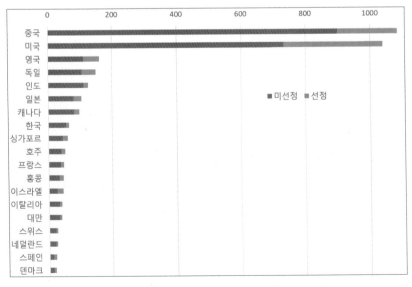

[그림 2] ACL 2020 논문 투고자의 국가별 분포

으로 조사되었다. 만약 대만, 싱가포르, 홍콩 및 미주 이민자 출신 연구자들까지 포함한다면 중국 출신 연구자(Chinese background researcher)들은 더 많은 비중을 차지한다. 아래의 표를 통해서 볼 때 자연어처리 분야에서 중국을 포함한 중화권 지역의 연구자가 차지하는 비중은 지나칠 정도로 크다.

그러나 중국 연구자들이 ACL 학술대회에 투고한 논문의 수량은 많지만 선정된 논문(accepted paper)은 아직 미국에 미치지 못한다. 위의 도표에서 보이듯이 투고 논문 중에 심사를 통과하여 선정된 논문은 미국(305편), 중국(185편), 영국(50편), 독일(44편), 일본(24편) 순이다. 미국 연구자들의 선정률은 29%인데 비해 중국은 17%로 상대적으로 낮은 편이다. 논문 선정률이 가장 높은 국가나 지역은 이스라엘(41%), 영국(31%), 미국(29%), 독일(29%), 홍콩(27%), 싱가포르(27%) 등을 들 수 있다. 한국은 투고된 64편 논문 중에 9편이 선정되어 선정률이 14%에 달한다.

ACL에서는 매년 학술대회 발표논문 중에 심사를 거쳐 최우수 논문(best paper)을 선정한다. 역대 최우수 논문 수상자 중에는 Chris Manning, Diana McCarthy, Dan Jurafsky, Andrew Y. Ng, Noah Smith 등 자연어처리·인공지능 분야의 대가들도 포함되어 있다. ACL에서 최우수 논문을 수상한 저자는 자연어처리 분야에서의 학문적 우수성을 인정받게 된다. 지난 20여 년간 ACL 학술대회에서 선정된 최우수 논문 중에 중국 출신 연구자(Chinese background researcher)가 포함된 것은 모두 9편이다.

[표 2] ACL 최우수 논문 中 중국 출신 연구자 참여논문

년도	저자	논문명
2005	David Chiang	A Hierarchical Phrase-based Model for Statistical Machine Translation

2008	Liang Huang	Forest Reranking: Discriminative Parsing with Non-Local Features
2008	Libin Shen, Jinxi Xu and Ralph Weischedel	A New String-to-Dependency Machine Translation Algorithm with a Target Dependency Language Model
2009	Andre Martins, Noah Smith and Eric Xing	Concise Integer Linear Programming Formulations for Dependency Parsing
2013	Haonan Yu and Jeffrey Mark Siskind	Grounded Language Learning from Video Described with Sentences
2014	Jacob Devlin, Rabih Zbib, Zhongqiang Huang, Thomas Lamar, Richard Schwartz and John Makhoul	Fast and Robust Neural Network Joint Models for Statistical Machine Translation
2018	Andre Cianflone, Yulan Feng, Jad Kabbara and Jackie Chi Kit Cheung	Let's do it "again": A First Computational Approach to Detecting Adverbial Presupposition Triggers
2019	Wen Zhang, Yang Feng, Fandong Meng, Di You and Qun Liu	Bridging the Gap between Training and Inference for Neural Machine Translation
2021	Jingjing Xu, Hao Zhou, Chun Gan, Zaixiang Zheng, Lei Li	Vocabulary Learning via Optimal Transport for Neural Machine Translation

위의 표에서 나타나듯, 2018년 이전 중국 출신 연구자가 포함된 최우수 논문은 대부분 미국과 캐나다 연구기관에서 발표된 것이다. 예를 들어 논문을 발표한 연구기관은 미국의 Maryland 대학(2005년), Pennsylvania 대학(2008년), Carnegie Mellon 대학(2009년), Purdue 대학(2013년), BBNTech (2008년, 2014년), 캐나다 McGill 대학(2018년) 등이다. 즉, 중국 출신 연구자가 미국·캐나다 연구진과 공동으로 연구한 것이 최우수 논문(ACL best paper)으로 선정되었다. 중국 학자 중심으로 발표된 것으로는 ACL 2019의

*Bridging the Gap between Training and Inference for Neural Machine Translation(Zhang et al. 2019)*이 있다. 이 논문은 중국과학원(中國科學院) 출신의 교수와 연구자들이 신경망 번역의 효율성과 정확성을 높이는 알고리즘을 제시한 것이다. 일반적인 신경망 번역 모델은 훈련 데이터에 존재하는 문맥 정보만을 활용하는데 반해, 해당 모델은 이에 더해 훈련 과정에서 모델이 추론해낸 번역 결과에서 얻어진 잠재적인 정보까지 활용하여 성능을 극대화한다. 최근 ACL 2021에는 ByteDance(抖音), 위스콘신대, 남경대 소속의 연구팀의 *Vocabulary Learning via Optimal Transport for Neural Machine Translation(Xu et al, 2021)*이 최우수 논문으로 선정되었으며, 이외에도 중국과학원의 Liu Qun(刘群), Zong Chengqing(宗成庆) 교수가 2021 ACL Fellow[7]로 선정되며 최근 중국 본토 출신 학자들의 영향력이 갈수록 확대되고 있는 것을 확인할 수 있다.

2.2. 국제학술지로 살펴보는 중국의 위상

2.2.1. Google Scholar 인용지수 분석

Google Scholar 인용지수를 중심으로 상위 100위 안에 포함된 연구자를 살펴보기로 한다. 학문 분야를 '자연어처리(NLP)'로 한정하여 조사한 결과 중국 연구자는 16명(16%)이다. 인용횟수가 가장 많은 학자는 Huahai Yang (260,872회)이다. 인용횟수가 많은 연구자들의 소속은 크게 인공지능·자연어처리를 연구하는 기업체와 대학으로 나뉜다. 기업체로는 Google, Microsoft,

---

7 세계 전산언어학회(ACL)는 매년 업적과 기여도가 우수한 연구자를 펠로우로 선정하는데, 역대 펠로우에는 Christopher Manning, Dan Jurafsky 등 자연어처리 대가들이 포진해 있다. https://aclweb.org/aclwiki/ACL_Fellows#2021_Fellows

IBM, Tencent(騰訊), JD(京东) 등이 있다. 대학으로는 중국의 청화대학(清华大学), 하얼빈공대(哈尔滨工业大学)와 미국의 Chicago 대학, Waterloo 대학 등에 소속된 연구자가 인용횟수 TOP100에 속해 있다.

[표 3] Google Scholar 인용횟수 TOP 100 内 중국 연구자

성명	소속	인용 횟수	세부 연구 분야
Huahai Yang	IBM	260,872	인간-컴퓨터 상호작용, 정보 시각화, 자연어처리
Jian Wu	Microsoft	75,403	음성인식, 자연어처리, 머신러닝
Bing Liu	Illinois 대학	74,177	데이터 마이닝, 감성분석, 자연어처리
Wei-Ying Ma	청화대학(清华大学)	54,804	인공지능, 머신러닝, 정보 검색, 자연어처리
Zhifeng Chen	Google	44,280	분산 시스템, 머신러닝, 인공지능, 자연어처리
Dong Yu	Tencent(騰訊)	41,409	음성인식, 자연어처리
Lifeng Zhang	Microsoft	39,751	텍스트 마이닝, 머신러닝, 정보검색, 자연어처리
Ming Li	Waterloo 대학	33,502	생물정보학, 자연어처리, 복잡성 학습 이론
Jianfeng Gao	Microsoft Research	33,327	자연어처리, 정보검색, 머신러닝
Bo Pang	Google	31,610	감성분석, 데이터 마이닝, 자연어처리
Xiaodong He	JD(京东)	27,390	딥러닝, 자연어처리, 음성인식, 컴퓨터 비전
Minlie Huang	청화대학(清华大学)	25,821	텍스트 마이닝, 자연어처리
Hang Li	Bytedance(抖音)	22,600	머신러닝, 자연어처리, 정보검색, 데이터 마이닝
Liu Ting	하얼빈공대 (哈尔滨工业大学)	19,027	자연어처리, 소셜 컴퓨팅, 전산 언어학
Dekang Lin	Google	18,302	자연어처리
Maosong Sun	청화대학(清华大学)	18,189	자연어처리, 인공지능, 소셜 컴퓨팅

2.2.2. WEB of Science 분석

Web of Science는 Clarivate Analytics가 제공하는 학술지 인용 데이터베이스로서 SCIE(Science Citation Index Expanded), SSCI(Social Sciences Citation

Index), A&HCI(Art & Humanities Citation Index) 등의 학술지에서 발표된 논문 정보를 제공한다. 본고에서는 '자연어처리'와 '전산언어학'을 검색어로 하여 국가별, 기관별, 저자별 인용정보를 조사해 보았다.[8]

국가·지역별 기준으로 1990년-2021년 사이에 가장 많은 국제학술지 논문을 발표한 나라는 중국(8,865편)이다. 수량적인 측면에서 논문 발표 실적은 ACL 학술대회 논문 발표 순위와 비슷하다. 국제저명학술지 논문 발표 수량이 많은 나라로는 중국(8,865편), 미국(7,282편), 영국(2,005편), 캐나다(1,699편), 독일(1,619편), 스페인(1,235편), 프랑스(1,075편), 일본(932편), 호주(876편), 이탈리아(837편), 네덜란드(643편), 한국(637편), 스위스(386편), 인도(577편), 브라질(367편), 스웨덴(329편)을 들 수 있다.

자연어처리와 전산언어학 분야 학술지를 발표한 연구기관을 기준으로 할때 상위 25개 중에 중국 대학이 8개를 차지한다. 그중에서도 중국과학원 (Chinese Academy of Science)의 학술지 발표 수량이 압도적으로 많다. Web of Science 데이터베이스에 따르면 중국과학원에서 발표한 논문은 1,730편으로서 California 주립대학(707편), Harvard 대학(520편), London 대학(378편), Texas 대학(279편), Pennsylvania 대학(259편) 등에 비해 수량이 월등히 많다.

SCIE, SSCI, A&HCI 학술지에 게재된 논문의 수량으로 볼 때 중국 대학들은 세계적으로 매우 높은 수준에 있다고 할 수 있다. 조사의 범위를 전세계 상위 100개(TOP100) 대학으로 넓혀 보더라도 중국의 여러 대학에서 자연어처리 분야와 관련된 연구를 활발하게 진행하고 있음을 알 수 있다.

---

8   Web of Science 데이터베이스 검색은 2022년 1월 31일 기준으로 진행되었다. 이 데이터베이스에는 학술지 논문, 학술대회 발표문 등이 수록되어 있는데 본고에서는 학술지에 발표된 논문(articles)으로 한정하여 분석을 진행하였다.

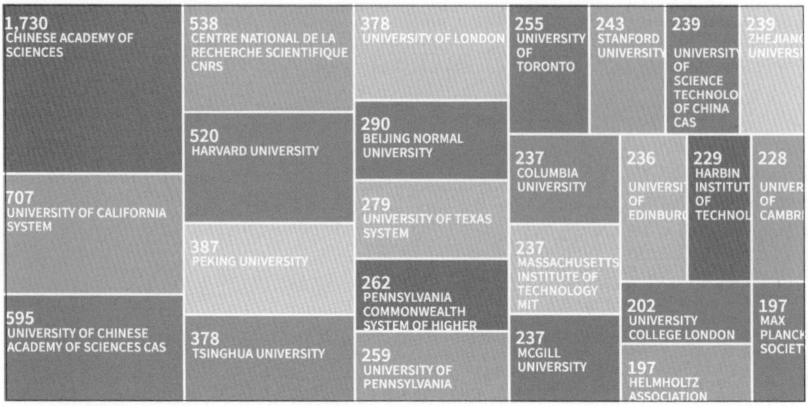

[그림 3] Web of Science 색인 자연어처리 · 전산언어학 학술지 수량(연구기관별)

아래의 표는 국제학술지 게재 TOP100에 속한 중국의 주요 대학을 정리한 것이다.

[표 4] 자연어처리 · 전산언어학 분야 Web of Science 색인논문 발표 수량(대학별)

연구기관(대학)			국제학술지
국문명	중문명	영문명	논문수량
중국과학원	中国科学院	CHINESE ACADEMY OF SCIENCES	1,720
중국과학원대학	中国科学院大学	UNIVERSITY OF CHINESE ACADEMY OF SCIENCES	594
북경대학	北京大学	PEKING UNIVERSITY	372
청화대학	清华大学	TSINGHUA UNIVERSITY	365
북경사범대학	北京师范大学	BEIJING NORMAL UNIVERSITY	290
중국과학기술대학	中国科学技术大学	UNIVERSITY OF SCIENCE TECHNOLOGY OF CHINA	239
절강대학	浙江大学	ZHEJIANG UNIVERSITY	234
하얼빈공업대학	哈尔滨工业大学	HARBIN INSTITUTE OF TECHNOLOGY	225

중국지질대학	中国地质大学	CHINA UNIVERSITY OF GEOSCIENCES	193
상해교통대학	上海交通大学	SHANGHAI JIAO TONG UNIVERSITY	193
무한대학	武汉大学	WUHAN UNIVERSITY	164
남경대학	南京大学	NANJING UNIVERSITY	152
북경이공대학	北京理工大学	BEIJING INSTITUTE OF TECHNOLOGY	139
화중과학기술대학	华中科技大学	HUAZHONG UNIVERSITY OF SCIENCE TECHNOLOGY	138
대련이공대학	大连理工大学	DALIAN UNIVERSITY OF TECHNOLOGY	131
화동사범대학	华东师范大学	EAST CHINA NORMAL UNIVERSITY	125
복단대학	夏旦大学	FUDAN UNIVERSITY	119
하문대학	厦门大学	XIAMEN UNIVERSITY	111

중국대학·연구소의 발전속도가 빠르다는 것은 국제학술지 게재논문 수 및 인용지수를 통해서도 알 수 있다. Web of Science 데이터베이스를 연도 별 기준으로 조사했을 때 중국 연구자들이 발표한 국제학술지 인용지수는 매우 가파른 속도로 상승한다. 2000년대 초반까지만 해도 중국에서 발표한 국제학술지는 100편 미만이었고 인용지수는 하위권에 머물렀다. 그러나 2010년 이후부터 자연어처리·전산언어학 관련 국제학술지 게재논문이 급 증하고 인용지수도 점점 올라갔다. 2018년 중국은 미국보다 많은 938편의 국제학술지를 발표하였고 인용지수도 10,000회를 넘어섰다. 이러한 발전속 도는 더욱 가파르게 상승하였다. 2019년에는 1,226편의 논문이 발표되었고, 인용지수도 16,715회에 이르렀다. 2020년에는 1,534편의 국제학술지가 발 표되었고 인용지수는 23,432회에 달한다. 그리고 2021년에는 국제학술지 발표 수량이 1,701편이고 인용지수는 31,625회에 이른다.

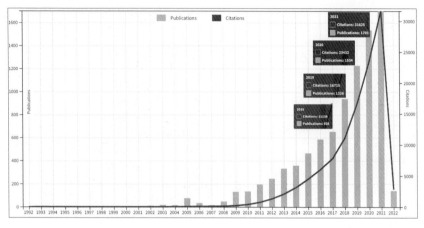

[그림 4] 중국의 연도별 Web of Science 색인 학술지 게재 수량 및 인용지수

미국은 지난 20여 년 동안 전 세계 자연어처리와 전산언어학 연구를 주도해 왔지만 최근에는 중국의 추격을 받고 있다. 2018년부터는 미국에서 발표한 국제학술지 게재논문이 수량 면에서 중국에 뒤처졌다. 이러한 추세는 점점 가속화되고 있다. 2021년에는 두 나라의 격차가 거의 2배 이상으로 벌어졌다.

논문의 인용지수 측면에서도 미국은 중국의 추격을 받고 있다. 2020년 이전에는 미국 연구자들의 인용지수가 압도적으로 높았지만 지난 2년 사이에 중국의 인용지수가 가파르게 증가했다. 그 결과 인용지수의 측면에서 미국과 중국의 격차는 점점 줄어들고 있다. 2021년에 미국과 중국의 인용지수는 각각 31,972회, 31,625회로서 거의 동등한 수준에 이르렀다. 아직까지는 미국이 세계적으로 인용지수가 가장 높은 논문을 발표하는 나라이지만 몇 년 뒤의 판도는 바뀔 수도 있음을 보여주는 대목이다.

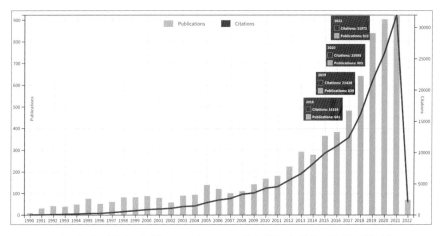

[그림 5] 미국의 연도별 Web of Science 색인 학술지 게재 수량 및 인용지수

3. 중국 국내 자연어처리 연구현황 분석

3.1. CNKI 학술지 논문 데이터 분석

우리에게 CNKI(China National Knowledge Infrastructure)로 알려져 있는 '中国知网'은 중국의 학술지 데이터베이스를 제공하는 기관이다. CNKI는 중국의 학술지 디지털 아카이브 시스템을 구축하기 위해 1998년 중국 정부와 청화대학(清华大学)이 공동으로 개발에 착수하여 그 이듬해부터 서비스를 시작하였다. 현재 CNKI에는 모두 10개의 분야에 11,215여 종의 학술지에 게재된 6,520만 편의 논문이 데이터베이스 형태로 저장되어 있다. 이 데이터베이스는 오늘날 중국 국내에서 어떠한 학술 논문이 발표되는지를 파악하기 위해 필수적으로 검토해야 할 자료이다.

본고에서는 대략적인 경향을 파악하기 위해 '자연어처리(自然语言处理)'와 '전산언어학(计算语言学)'을 검색어로 하여 어떠한 논문들이 발표되었는지를 조사하였다. 그 결과 CNKI에서 141,784편의 학술 논문 목록을 찾을 수 있었다.[9] 그중에서 아래는 2002년부터 2020년까지의 발표된 논문 수량을 그래프로 나타낸 것이다. 아래의 그래프에서 보이듯이 자연어처리와 전산언어학 관련 논문은 해마다 꾸준히 증가했다. 2017년 이후부터 그 증가폭이 훨씬 커서 매년 1만 편 이상의 학술 논문이 발표되었다.

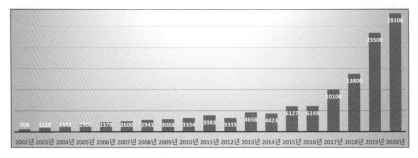

[그림 6] CNKI 색인 중국 학술지에 발표된 자연어처리 · 전산언어학 관련 논문

2017년부터 2020년까지 중국의 자연어처리 학술 논문이 큰 폭으로 증가한 것은 인공지능, 딥러닝의 유행과 밀접하게 관련된다. 이러한 판단의 근거로 학술지에 게재된 논문의 세부 분야 분석 결과를 들 수 있다. 학술지에 게재된 세부 분야를 살펴보면 인공지능, 딥러닝, 신경망, 빅데이터 등을 다룬 논문이 다수를 차지한다. [그림 7]은 CNKI 데이터에서 자연어처리와 관계된 세부 연구 영역을 나타낸 것이다. 도표에 보이듯이 세부 연구 분야 중에서 많은 비중을 차지하는 것이 인공지능과 딥러닝이다.

---

9   CNKI 논문 데이터베이스는 2021년 7월 18일 기준으로 검색된 정보를 정리한 것이다.

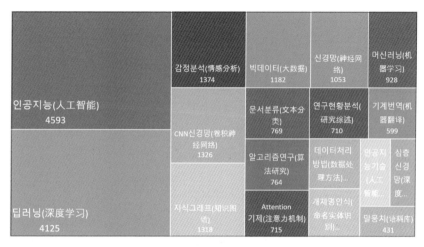

[그림 7] CNKI에 발표된 자연어처리 · 전산언어학 논문의 세부 분야

중국 국내 논문을 많이 발표한 연구기관으로는 하얼빈공대, 북경대학, 청화대학, 대련이공대학, 소주대학, 중국과학원, 무한대학, 정주대학, 상해교통대학, 남경대학, 복단대학, 절강대학 등을 들 수 있다. CNKI 데이터를 Web of Science 데이터와 비교해 볼 때 중국 국내 연구논문을 많이 발표한 대학으로 운남성 곤명이공대학, 흑룡강성 하얼빈공업대, 강소성 소주대학 등을 들 수 있다. 이들은 중국의 지방 명문대학으로 SCI급 국제 저명 학술지 발표 실적은 상대적으로 높지 않지만, 중국 국내에서의 논문 발표 수량은 매우 많다.

저자별로 볼 때 많은 논문을 발표한 연구자/연구팀(LAB)은 아래의 표와 같다. 아래에 열거된 연구자들의 논문이 많다는 것은 해당 대학에 자연어처리와 전산언어학을 연구하는 대학원생이 많음을 암시한다. 자연어처리 분야는 학문 특성상 프로젝트에 기반한 공동연구를 진행하는 것이 일반적이다. 따라서 석사과정 · 박사과정 · 박사후 연구원을 지도하는 교수진은 그만큼 많은 수의 논문을 발표할 수 있게 된다.

[표 5] 연구자별 중국 국내 학술지 게재 실적

연구자	소속	논문편수
余正涛(Yu Zhengtao)	곤명이공대학(昆明理工大学)	224
周国栋(Zhou Guodong)	소주대학(苏州大学)	218
刘挺(Liu Ting)	하얼빈공업대학(哈尔滨工业大学)	151
俞士汶(Yu Shiwen)	북경대학(北京大学)	132
赵铁军(Zhao Tiejun)	하얼빈공업대학(哈尔滨工业大学)	124
李生(Li Sheng)	하얼빈공업대학(哈尔滨工业大学)	106
李寿山(Li Shoushan)	소주대학(苏州大学)	106
林鸿飞(Lin Hongfei)	대련이공대학(大连理工大学)	95
孙茂松(Sun Maosong)	청화대학(清华大学)	91
程学旗(Cheng Xueqi)	중국과학원(中国科学院)	90
袁毓林(Yuan Yulin)	북경대학(北京大学)	89
吕学强(Lu Xueqiang)	북경정보과기대학(北京信息科技大学)	81
刘群(Liu Qun)	중국과학원(中国科学院)	73
昝红英(Zan Hongying)	정주대학(郑州大学)	66
姬东鸿(Ji Donghong)	무한대학(武汉大学)	64
黄河燕(Huang Heyan)	북경이공대학(北京理工大学)	62

3.2. 중국 내 자연어처리 · 전산언어학 전문학술지 분석

위에서는 CNKI 전체 데이터를 대상으로 분석을 했는데 자연어처리 전문
학술지로 관찰의 범위를 좁혀 세부적인 연구 동향을 살펴보기로 하겠다.
중국에서 NLP를 전문으로 다루는 대표적인 학술지는 중문정보학보(中文信
息学报, Journal of Chinese Information Processing)이다. 이 학술지는 중국정보처
리학회(中国中文信息学会)가 논문 게재와 출판을 담당하고 있다. 창간연도는

1986년이고 중국 내에서 가장 권위있는 자연어처리 전문 학술지로 인정받
는다.

중문정보학보(中文信息学报, JCIP) 학술지를 하위 영역으로 분류하면 다음
과 같은 분포를 보인다. 아래 [그림 8]에서 보이듯이 가장 많은 비중을 차지
하는 것은 의미분석, 구문 · 형태분석, 기계번역, 음성처리기술, 단어임베딩
및 딥러닝, 소셜컴퓨팅이다. 이 6개 영역이 차지하는 비중은 전체 논문의
절반 이상을 차지한다.

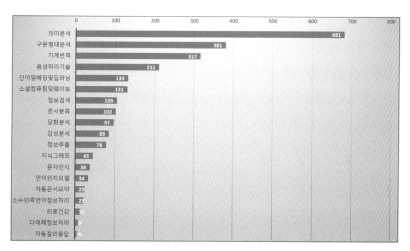

[그림 8] 중문정보학보(中文信息学报)에 게재된 논문의 주제별 분포

물론 위에 분류된 논문은 분야가 상호 배타적으로 경계가 나뉘지 않으며
어떤 분야는 상호 긴밀히 연관되어 있다. 예를 들어 의미분석은 의미역 결정
(SRL)을 해결하기 위해 형태 · 구문 분석을 병행해야 하므로 그 분야와 깊이
연관된다. 또한, 분석 대상 텍스트가 중국의 SNS인 웨이보(微博)라면 소셜컴
퓨팅(社会计算) 분야와 공통분모를 가진다. 챗봇 개발을 위해서는 음성처리

기술, 정보검색, 감성분석 분야의 도움을 받아야 한다. 위의 세부 주제별 분석 중에 주목할 것은 딥러닝의 급부상이다. 최근에는 딥러닝(深度学习)이 주도적인 머신러닝 원리로 부상하였기에 여러 하위 영역에서 Attention 기제(注意力机制), Word Embedding(词嵌入), Neural Network(神经网络), Transformer 등이 관련 키워드로 언급되는 것을 확인할 수 있다.

3.3. 중국 전산언어학 학술대회 분석

중국전산언어학대회(中国计算语言学大会, CCL: China National Conference on Computational Linguistics)는 중국어정보처리학회(中国中文信息学会)가 주관하는 중국 내 전산언어학 및 자연어처리 분야를 대표하는 중국 최고, 최대 규모의 학술회의이다.[10] 1991년부터 격년으로 개최되어 오다가 전산언어학 분야의 성장세와 더불어 2013년 이후부터는 매년 개최되어 현재까지 이르고 있다.

[표 6] 최근 10년간 CCL 회의 현황

년도	주최지	투고논문	선정논문	선정율
2013	苏州大学(苏州)	미공개	미공개	미공개
2014	华中师范大学(武汉)	233	113	48.50%
2015	广州外国外贸大学(广州)	283	115	40.64%
2016	鲁东大学(烟台)	307	101	32.9%
2017	南京师范大学(南京)	264	105	39.77%
2018	长沙理工大学(长沙)	277	102	36.82%

---

10 CCL 회의는 1991년부터 격년으로 개최, 2013년부터 매년 개최되어 20여년 역사 동안 광범위한 학술 영향력을 발휘하여 중국 내 자연어처리 영역의 최고 권위, 최대 규모(참여 인원 400명 이상)의 학술회의이다(CCL2015 회의록 중 발췌).

2019	昆明理工大学(昆明)	371	146	39.35%
2020	海南大学(海南/线上)	303	109	35.97%
2021	内蒙古大学(呼和浩特/线上)	미공개	108	미공개

CCL은 연평균 투고논문 수가 300편 규모에 이르는 대형 학술대회인만큼 중국 전역의 전산언어학 및 자연언어처리 분야 연구자들 간 활발한 교류의 장으로 기능하고 있다. 대다수 참가자는 중국 대학의 신진 연구자들이며, 바이두·텐센트 등 스폰서 기업 소속의 연구팀·스타트업에 종사하는 관계 자들도 많이 참석한다. 각각의 세션별 논문 발표뿐만 아니라, 학계의 최신 동향 및 연구 성과를 공유하는 강연 및 소규모 회의 등이 동시에 진행되기 때문에 가히 '大会'라는 이름에 걸맞는 중국 전산언어학계 최대의 연례 행사이다.[11] 또한, 2020년부터 회의 논문이 ACL Anthology[12]에 공동 게재되므로 손쉽게 대회 논문을 내려받을 수 있다.

4. 중국어 자연어처리 연구의 발전 역사와 최근 동향

지금까지 중국 국내·국외 자연어처리 학계에서의 중국의 위상을 논문수,

---

11 필자는 2014년과 2016년 두 차례 대회에 참가한 바 있다. 2박 3일이라는 짧지 않은 시간 동안 크고 작은 행사 속에서 같은 분야의 연구자들과 교류할 수 있다는 것이 CCL 회의의 장점이다. 개인적으로 2014년 CCL 최우수 논문상을 수상한 卢达威 박사생, 역대 CCL 논문 중 가장 높은 다운로드 수를 기록한 《基于深度学习的微博情感分析》의 저자 梁军 박사생과 교류하고, 중국 전산언어학계의 원로인 邹嘉彦 교수, 孙茂松 교수의 논문평을 직접 들을 수 있었던 점이 기억에 남는다.

12 https://aclanthology.org/

인용지수, 학술지, 학술대회 등을 통해 살펴보았다. 본 장에서는 현재에 이르기까지의 중국 전산언어학의 발전 흐름을 개략적으로 조망하고, 최근 주목받고 있는 하위 연구 분야를 좀 더 심도있게 살펴보도록 한다.

　중국 전산언어학의 역사는 중국문자, 즉 한자의 전산화까지 거슬러 올라간다. 중국 정부는 1980년 국가 표준 한자 코드표 GB2132를 제정, 한자의 디지털 매체 기록과 사용의 표준을 확립함으로써 한자 정보 처리의 기반을 닦는다. 이어서 디지털 기록물에 담긴 정보를 추출하고 활용하기 위한 연구, 이를테면 단어 분리(word segmentation), 형태·구문·의미분석(tokenization/shallow/deep parsing), 정보검색(IR) 및 추출(IE), 문서 분류(document classification), 기계번역(MT) 등의 연구가 활성화되며 반세기 동안 중국어 전산언어학·자연어처리 분야는 비약적인 성장을 이루게 된다. 중국 전산언어학의 발전 단계는 연구 방법론적 패러다임의 변화에 따라 크게 다음의 세 단계로 나눌 수 있다.

4.1. 규칙 기반 모델링 (1950년대~2000년대 초)

　규칙 기반 모델링은 복잡한 언어 현상을 연구자가 분석하여 도출한 특징 집합(features)과 그들 간의 상호 작용(제약 및 결합 규칙)을 규명하여 어휘, 구문 분석 및 기계번역 등의 당면 과제(task)를 해결하는 접근법을 일컫는다. 이는 인간의 언어능력을 생득적인 것으로 인식하고 언어 현상 기저의 원리를 탐구하고자 하는 동시대 촘스키 생성문법의 언어학적 흐름과도 맥을 같이 한다.

　문법 요소 분석과 그들의 조합 규칙(구 구조 문법, Phrase structure rule)에 입각한 규칙 기반 구문분석(parsing)은 심층 구조 속 성분 간의 다층적인 제약 관계를 탐구하는 데에는 효과적으로 기능하였으나, 문법 규칙을 귀납하기 어렵고 모델의 강건성(robustness) 문제로 인해 규칙 기반 모델은 주로 표층 문자열만을 대상으로 분석하는 자연어처리 과제에는 그다지 적합하지 않았다. 더욱이 형태 표지의 부재와 기능어가 최소화된 중국어의 고립어적 특성으로 인해, CFG 규칙 기반의 구문 분석기(Recursive descent parser, Shift-reduce parser 등)는 분석 정확도와 효과에 있어 제한이 있었다. 또한, 단계적으로 동작하는 규칙 기반 구문 분석기는 단계별 분석 오류가 전체 분석 작업에 영향을 미치는 등 실제 활용에 있어 취약점이 노출되었다.

이러한 취약점은 보다 풍부한 통사·의미적 특징을 통해 해소될 수 있다고 여겨졌기 때문에, 이 시기의 연구는 주로 코퍼스, 어휘의미DB 등 기초자원 구축을 위주로 하는 프로젝트(工程)적 성격이 짙다. 대표적인 연구로 현대한어어법정보사전(现代汉语语法信息词典, 俞士汶等 2002), HowNet(知网, 董振东, 董强 2001), 동의어사전(同义词词林, 梅家驹等 1996)이 있으며, 이들은 모두 중의성 해소(word sense disambiguation), 유의어 계산(word similarity computation), 형태·구문분석(parsing), 감성분석(sentiment analysis), 언어인지모델(cognitive NLP) 개발의 기초자원으로 현재까지 널리 활용되고 있다.

4.2. 통계 기반 모델링 (2000~2010년대)

90년대 초까지 규칙 기반 모델링 패러다임 하에서 기계 번역, 구문 분석 등의 다양한 연구 성과가 축적·심화되었지만 그럼에도 불구하고 규칙 기반 모델링은 여전히 획기적인 성능 향상을 이루지는 못하고 있었다.[13] 그러다가

---

13 매우 당연한 이야기이지만 복잡다양한 언어 현상을 관통하는 규칙들을 규명해내는 것

90년대 후반에 이르러 각종 영역의 기초 언어 자원이 축적되고 컴퓨터의 연산 능력 또한 향상되면서, 출현 단어 빈도와 확률 계산에 기반한 통계적 방법이 점차 대두하게 된다. 2000년대에 이르러 각종 통계 기반 기계학습 (machine learning) 기법이 널리 활용되면서 연구자는 더 이상 자신의 내성적 인 직관을 통해서가 아닌, 기계학습을 통해서 기여도가 가장 높은 특징 (features) 혹은 바람직한 출력 확률을 최대화하는 규칙을 찾아내게 되었다. 詹卫东(2010)은 이 시기에 중국 전산언어학 제 분야에서 공통적으로 규칙 기반 모델에서 통계 기반 모델로의 패러다임 전환 양상이 두드러지며, 또한 더 우수한 성능을 보인다는 점을 지적하고 있다.

이 시기의 대표적인 성능 향상 사례로 중국어 단어 분리(word segmen- tation, 分词) 및 품사 태거(pos-tagger, 句法分析器)를 들 수 있는데, 현재 중국 내에서 가장 널리 쓰이는 품사 태거인 ICTCLAS가 은닉 마르코프 모델 (HMM)을 활용한 것이다. 초기의 품사 태거들은 2003년부터 2007년까지 4 회에 걸친 ACL-SIGHAN bakeoff(공개 경쟁 대회)에서 중국내·외 100여 개 기관에서 출품한 500여 종 이상의 통계 기반 모델이 서로 기량을 겨루었다. 그 중, 북경대학의 최대 엔트로피(MaxEnt) 모델 기반 MSRA-C가 인간의 정확도에 근접한 성적(p 0.96, r 0.96, f1 0.96)으로 2006년 대회 우승을 차지하 기도 하였다.

중-영 기계번역 분야에서는 중국과학원(中国科学院)이 2002년 미국 국립 표준기술연구소(NIST)가 주관하는 기계번역대회(OpenMT)에 참가하여 참가 모델 중 최하위점수를 받았음에도 불구하고 불과 4년 후인 2006년에는 24

은 결코 쉽지 않기 때문이다. 또한, 규칙이 증가할수록 미처 예견하지 못했던 규칙 간의 충돌과 불일치가 발생하고 이로 인해 전체 시스템의 안정성이 훼손되는 등의 한계가 존 재하였다.

개 모델 중 5위라는 우수한 성적(BLEU 0.291)을 달성한 바 있다.

감성분석 및 의견 추출(Sentiment Analysis and Opinion Mining) 분야에서도 중국 학회(CIPS)는 ACL-SIGLEX 주관의 SemEval과 유사한 공개 경쟁 대회를 운영하고 있다. COAE(Chinese Opinion Analysis Evaluation, 中文傾向性分析評測)으로 불리는 이 대회는 2008년부터 2016년까지 총 7회 개최되어 1) 주관성어휘 식별 및 극성 분석(情感词识别和分析), 2) 텍스트의 주관성 식별 및 극성 분석(中文文本主客观以及倾向性判别), 3) 텍스트의 주관성 요소 식별(文本中的观点抽取) 등의 과제(task)를 제시하고 공개 경쟁을 실시하였다. 2008-2013년까지 5차례에 걸친 대회에서는 통계 기반 기계학습 모델이 주류를 이루었다. 2013년도 대회의 경우, 과제 2.2(CUCSas 시스템), 과제 3(PRIS 시스템)을 제외한 기타 과제에서 통계 기반 모델이 규칙 기반 모델의 성능을 앞섰다. (아래 [표 7])

[표 7] COAE 2013 과제(task) 예시 및 참가 모델의 성능

과제명(task)	과제 요구사항	모델명/f-score
TASK 1 문장 극성 판단	주어진 문장에 대한 감정(극성) 판단 긍정(1), 부정(-1), 중립(0) Doc1 我不喜欢这款手机的屏幕色彩　-1 Doc2　　　XXX　　　　0	대련이공대大连理工 大学(DUTIR) 0.615 statistic
TASK 2 비교 요소 (어휘) 식별	SubTask 1 (필수) 주어진 문서에서 비교 의미가 담긴 문장을 식별하기 Doc1 诺基亚N8的屏幕不如iphone的好 1 Doc2 诺基亚N8的屏幕挺好的　　　0 SubTask 2 (선택) 비교 의미 문장 중에서 비교 대상과 비교 요소 추출 및 그에 대한 감정(극성) 판단	정주대 郑州大学(zzunlp) 비교문 : 0.887 非비교문 : 0.908 statistic 미디어대 传媒大学 (CUCSas)

	Doc1 诺基亚N8的屏幕不如iphone的好 诺基亚N8 屏幕 -1 Doc2 NULL	0.337 rule-based
TASK 3 웨이보(SNS) 문장 극성 판단	주어진 웨이보 문장에 대한 감정(극성) 판단 긍정(1), 부정(-1), 중립(0) Doc1 诺基亚Lumia新款win8系统, 用起来很流畅哦。很好用 1 Doc2 我舍友的诺基亚Lumia竟然摔坏了, 就摔了一下 -1	북경우정대 北京邮电大学(PRIS) 0.329 rule-based
TASK 4 웨이보(SNS) 문장 내 주관성 요소 식별	주어진 웨이보 문장 중에서 평가 대상과 평가 요소 추출 및 그에 대한 감정(극성) 판단 Doc1 诺基亚lumia新款win8系统, 用起来很流畅哦, 很好用 诺基亚lumia win8系统 1 Doc2 我舍友的诺基亚Lumia竟然摔坏了, 就摔了一下 诺基亚lumia NULL -1	대련이공대 (DUTIR) 0.225 hybrid

구문 분석(parsing) 분야는 이 시기 중국 내에 공개 경쟁 대회 및 표준 실험 데이터가 없었기 때문에 정확한 성능 비교가 불가능하다. 북경대학의 Cparser 는 규칙-통계 기반의 구문분석기(parser)로서 문맥 자유 문법(CFG) 형식의 생성규칙을 기반으로 어휘·구 층위의 자질 간의 적합도를 계산하여 최적의 분석 결과를 산출하는데, 북경대학교 트리뱅크 1.0의 500개 문장을 실험 데 이터로 삼아 측정한 결과 70%의 정확도(p. 0.74, r. 0.67, f1 0.70)를 보였다 (Zhan 2004). 이와 달리 CTB(Chinese Treebank 1.0)를 표준 실험 데이터로 삼은 통계 기반 중국어 구문 분석기의 정확도는 아래 표와 같았다.

[표 8] 통계 기반 중국어 구문 분석기의 정확도(詹卫东 2010)

	Precison	Recall	F-score
Xiong(2005)	80.1	78.7	79.4
Bikel(2004)	81.2	78.0	79.6
Levy&Manning(2003)	78.4	79.2	78.8
Chiang&Bikel(2002)	81.1	78.8	79.9
北大计算语言所MaxEnt模型(2010)	75.2	71.7	73.4

실험 데이터가 다르기 때문에 비교의 정확성을 담보할 수는 없지만, 규칙 기반의 Cparser(f1 70.0)에 비해 통계 기반 모델들은 구문 분석에 있어서 최대 9.9%p(f1)의 정확도 향상을 보였다. (2010년 기준)

마지막으로, 이 시기에는 人民日报(2600만여 자, human-annotated), CCL(7억 자, raw corpus), Cncorpus(2000만여 자, human-annotated) 등의 말뭉치(语料库)가 구축되어 통계 기반 기계학습의 발전에 기여하였다. 일반적으로 훈련 데이터와 비례하여 성능이 향상되는 기계학습 모델의 특성 상,[14] 이러한 풍부한 언어자원의 구축은 통계 기반 모델의 발전에 필수적인 공헌을 하였다고 볼 수 있다.

4.3. 딥러닝 기반 모델링 (2013~현재)

딥러닝(deep learning)[15]은 맨 처음 시각, 음성인식 분야에서 획기적인 성능

---

14 "Often in machine learning, it's not who has the best algorithm that wins, it's who has the most data." Andrew Ng, Deeplearning.ai

15 기계학습의 일종으로서 인공신경망(ANN, 人工神经网络)의 계층적 구성을 통해 복잡한 (비선형적) 문제를 해결하는 알고리즘이다. 겹겹이 쌓아올린 인공신경망을 통해 학습한

향상을 촉발하였고, 자연어처리에도 도입되며 의미 분석, 감성 분석 및 기계 학습 등 여러 분야에 비약적인 발전을 가져왔다.

자연어처리에 딥러닝이 사용되는 데 결정적인 단초를 제공한 것이 바로 Word2vec(Mikolov et al., 2013)이다. 언어의 의미는 구성적이라는 인식 하에 사람이 직접 어휘 의미의 구성 요소(의미소)를 분석하고 이를 계량하는 방식의 전통적인 의미 표상 방식(feature-based representation)과 달리, word2vec은 의미를 텍스트에 체현되어 있는 단어의 분포 그 자체로 인식(distributional semantics)하고, 인공신경망(ANN)의 훈련, 즉 딥러닝(深度學習)을 통해 어휘 분포 정보를 학습시킨다(박민준 2019).

따라서 딥러닝 모델의 구축과 발전을 위해서는 대량의 데이터와 이를 바탕으로 학습한 어휘 임베딩(word embedding) 자원이 필수적이다. 현재 북경어언대학의 BCC(150억 자, machine-annotated) 등의 대규모 코퍼스가 구축되었고(荀恩东 외 2016), 북경사범대학은 바이두, 인민일보, 위키피디아 말뭉치에 기반한 중국어 워드 임베딩 DB(中文词向量语料库)를 공개한 바 있다(Li, S. et al. 2018). 또한, 바이두는 BERT[16]를 모방한 ERNIE(Enhanced Representation through Knowledge Integration)를 구축함으로써 중국어 텍스트의 대량 사전 훈련(pre-trained) 자원을 마련하였다(Sun, Y. et al. 2019).

이처럼 통계 기반 모델에 이어서 다시 한번 새로운 의미 표상 방식이 등장함으로써, 이제 전산언어학 연구 방법론은 완전히 경험주의가 주류가 되었다. 통계 기반 모델에서 전문가에 의존하였던 자질 선별(feature selection)까

다는 의미에서 深度学习(deep learning)이라 불린다.

16　여러 자연어처리 분야에서 사전학습모델(pretrained language model)로써의 BERT의 활용도가 증가하면서 중국어 연구에도 이를 활용한 사례가 점증하고 있다. 중국어 분야의 BERT 모델의 활용에 관한 자세한 사항은 강병규(2021)를 참고할 것.

지도 딥러닝 모델은 임베딩(嵌入)을 통한 수리통계적 기법으로 해결한다. 또한 Seqence to Sequence(Sutskever et al. 2014), Attention(Bahdanau et al. 2014) 등으로 발전하며 각기 다른 기술로 풀어왔던 단어 분리, 의미 분석 및 기계 번역으로 이어지는 순차적인 하위 작업(downstream task)들이 점차 하나의 방법으로 통합되는 추세이다.

중국 전산언어학계에도 2013년 이후 불어온 딥러닝 열풍과 함께 단어 분리(分词), 의미 분석(语义计算), 기계 번역(机器翻译) 등 분야에서 활발한 연구 성과를 배출하고 있다.

중국어 단어 분리(Chinse word segmentation, 分词) 영역에서는 통계 기반 모형에서 널리 활용되었던 조건부 무작위장(条件随机场, CRF) 모델을 딥러닝에 응용한 단어 분리 및 개체명 인식(Liu et al. 2016), 장단기 메모리(LSTM, 长短期记忆)을 이용하여 기존의 국부적 정보 수용 한계를 극복한 단어 분리(Chen et al., 2015) 등이 제안되었다. 또한 기존의 모델에서 단어(词)를 기본 처리 단위로 삼는 것과 달리, 딥러닝 기반 모델에서는 한자(字) 기반의 임베딩이 종종 더 좋은 성능을 보이면서 단어 분리 무용론이 제기되기도 하였다(Li et al, 2019).

중국어 기계번역(Chinese MT) 분야에서도 점차 더 많은 딥러닝 모델이 단어 분리 등의 전처리를 생략하거나 문자열을 그대로 입력받아 처리하는 End to end(端到端) 방식을 채택하고 있다. 가령, Yang, et al.(2016)은 단어 분리가 되지 않은 문자열 그대로를 입력 단위로 사용하고, Attention 기제를 활용한 인코더에서 관련성이 높은 어휘로 재정렬하여 이를 기계번역에 활용한다. Su, et al.(2017)은 다양한 단어 분리 규범(PKU, MSR, CTB)을 따르는 코퍼스를 대상으로 단어분리 모델을 훈련시킨 후, 단어 분리 모델들이 생성해 낸 각기 다른 분리 결과를 종합하여 형태소 및 어휘를 포괄하는 새로운 의미 단위인 word-lattice를 기계번역에 활용한다.

현재 딥러닝 기반의 신경망 번역 모델(NMT)은 통계 기반 번역 모델(SMT)을 대체하여 학계 및 산업계 모두에서 기계번역의 주류 모델로 자리잡았으며, 이러한 배경에는 위에서 제시한 바와 같이 문맥을 최대로 활용하며 (global context), 별도의 어휘의미 자원을 참고하지 않고 훈련 데이터에서 스스로 학습하여(self-supervised) 기존 자연어처리의 하위 공정을 통합적으로 처리(end to end) 하는 딥러닝 자연어처리 모델의 우수성이 존재한다.

작업 흐름이 단순화되었음에도 불구하고 현재 신경망 번역 모델의 수준은 과거 통계 기반 모델에 비해 대폭 향상되었다. ACL이 주관하는 서구 언어(영어, 불어, 독어, 스페인어 등) 간의 기계번역 평가 대회(WMT) 15년간 (2006-2020)의 성과를 살펴보면, 2006년 통계 기반 모델(SMT)들의 기계 번역 평가 지수(BLEU)가 0.2~0.3 수준이었던 것이 신경망 번역 모델(NMT)이 주류가 된 2020년에는 0.5점대로 향상되었다. 2017년부터 WMT 과제로 새로이 편입된 중국어 기계번역의 경우, 2020년 영-중 번역은 0.45, 중-영 번역은 0.32 수준이다. 또한, 상용 서비스중인 구글, 百度翻译, 搜狗翻译, 小牛翻译 등의 기계번역 시스템도 BLEU 0.5~0.6점(封闭测试)[17] 대의 높은 성능을 보여주고 있다.

---

17 이는 2009년 中文信息学会의 영중 기계번역 대회 데이터셋에 대한 측정값으로, 이들 데이터는 각 시스템의 딥러닝 과정에서 이미 학습되었을 가능성이 있다. 따라서 새로운 텍스트에 대한 기계번역 성능은 이보다 낮을 수 있다.

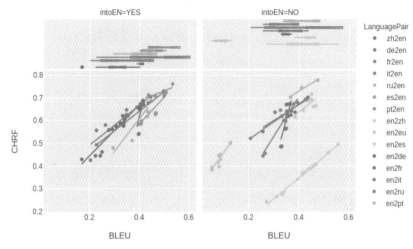

[그림 9] WMT 2020 기계번역 시스템들의 성능 분포
(왼쪽은 영어로, 오른쪽은 영어로부터의 번역성능)
CHRF: Character n-gram F-score (Popović 2015);
BLEU: BiLingual Evaluation Understudy (Papineni 2002)

[표 9] 상용 중국어 기계번역 시스템의 성능 비교(李亚超等 2018:2749)

번역 시스템	BLEU(4-gram)	BLEU(5-gram)	BLEU(6-gram)	BLEU(7-gram)
百度翻译	48.96	41.63	35.36	29.97
Google	50.18	42.94	36.65	31.25
小牛翻译	51.67	44.30	37.81	32.18
搜狗翻译	60.72	53.74	47.47	41.88

그러나 언어학적 자질의 활용 사례가 신경망 기계번역(NMT)에서 완전히
사라진 것은 아니다. He, et al.(2016), Wang, et al.(2017)은 이중언어사전,
n-gram, 번역 모델 등 기존의 통계 기반 모델(SMT)에서 효과적으로 활용된
전통적 자질을, Li, et al.(2017), Chen K, et al.(2017), Wu, et al.(2017), Chen

H. et al.(2017) 등은 트리뱅크 및 구 구조 정보 등의 통사적 자질을 딥러닝 모델에 흡수하여 중영(영중) 기계번역의 성능을 극대화하였다.

5. 맺음말

본고에서는 ACL, CCL 등의 중국 내·외의 학술대회와 Web of Science, CNKI 등의 학술지 데이터베이스를 통해 전산언어학·자연어처리분야의 거시적인 발전 흐름을 살펴보고, 이를 바탕으로 중국 연구자들의 연구현황에 대해 논의하였다. 90년대 중반 중국어의 전산화에서 출발한 중국어 전산언어학은, 음성·문자의 인식과 저장 등과 같은 정보처리의 단계를 넘어서 단어분리·품사 태깅, 개체명 인식, 형태·구문·의미분석, 정보 추출, 감정분석, 문서 요약 및 분류, 자동응답, 자연어이해 및 챗봇에 이르기까지 다방면으로 넓고 깊게 발전해 왔다. 특히 최근 딥러닝 기술이 시각 및 음성처리영역을 넘어 자연어처리 기술에 확장되어 널리 응용되면서, 중국어 전산언어학 방법론 역시 전례 없는 대변환을 맞이하게 되었다.

중국의 자연어처리 학계에서도 기존의 전처리 → 자질 선정 → 모델 훈련 → 모델 최적화 → 후처리와 같이 순차적으로 이루어졌던 전산언어학 모델링의 전통적인 과정(pipeline)이 점차 약화되고, 각기 다른 기술로 풀어왔던 이러한 하위 작업들을 구분하지 않고 하나의 연속적인 작업 흐름으로 처리하는 end-to-end 방식이 새로운 표준으로 자리잡고 있다. 그리하여 단어분리, 품사 태깅, 개체명 인식, 구문 분석, 의미 분석 등이 Transformer 기반의 신경망 모델로 전환되며 한자(字) 기반의 임베딩 등 기존의 언어학적 특징에 크게 의존하지 않는 양상을 보인다. 기존보다 작업 흐름이 단순해졌음에도 불구하고 현재 신경망 모델의 수준은 과거 규칙·통계 기반 모델에 비해 대폭 향상되었다.

이 때문에, 혹자는 전산언어학 심지어는 언어학의 연구 방법이 이성주의의 그늘에서 벗어나 대규모 데이터(코퍼스, 단어 임베딩)에 기반한 경험주의, 더 나아가 행동주의(인공신경망)로 변화되어야 한다고 이야기한다. 하지만, 딥러닝 기반 모델의 높은 성능이 전통적인 언어학적 자질 탐구의 무용론으로 귀결되지는 않는다. 자연언어의 복잡성과 모호성은 여전히 미지의 영역으로 남아 있고, 중국어의 경우 고립어적 특성으로 의미 계산이 더욱 쉽지 않기 때문이다. 한 예시로, Wang X.(2017)에서 지적하듯이[18] NMT는 어감은 자연스러우나 정확하지 못한 번역 결과(fluently inadequate outputs)를 보이는 경우가 많다. 이 때문에 현재 트랜스포머 기반의 신경망 기계번역에서도 많은 후속 연구들이 각종 언어학적 자질을 활용하여 정확도를 높이는 데 주력하고 있다(He et al 2016, Wang et al 2017, Li et al 2017, Chen K et al 2017, Wu et al 2017, Chen. H. et al 2017). 신경망 기계번역(NMT)는 분명 이전의 규칙 기반, 통계 기반 모델의 한계를 극복하였으나, 아직 인간과 구분되지 않을 정도의 완벽한 수준에는 도달하지 못하였다. 표층 문맥에서 제공하지 못하는 텍스트의 구조적 정보, 담화, 화용적 지식 등의 언어학적 특징을 현재의 딥러닝 모델과 어떻게 잘 조화시켜 구현해낼 것인지, 반대로 딥러닝 모델의 정보 처리 과정의 해석가능성을 높이는 것 또한 앞으로의 전산언어

---

18 Neural Machine Translation (NMT) is a new approach to machine translation that has made great progress in recent years. However, recent studies show that NMT generally produces fluent but inadequate translations (Tu et al. 2016b; 2016a; He et al. 2016; Tu et al. 2017). This is in contrast to conventional Statistical Machine Translation (SMT), which usually yields adequate but non-fluent translations. It is natural, therefore, to leverage the advantages of both models for better translations.

학·자연언어처리가 해결해야 할 부분이다.

한자 전산화 첫 발걸음을 내디딘 1950년대 이후 지금까지 약 70여 년간, 중국어 정보처리 분야는 눈부신 질적·양적 발전을 거듭해 왔다. 무엇보다도 2000년 이후 최근 20년간은 규칙 - 통계 - 딥러닝 기반 패러다임 전환의 일대 변혁기였으며, 그 시기에 중국의 자연어처리와 전산언어학 연구에 참여했던 필자들은 이론과 기술의 급속한 발전과 변화를 피부로 느끼며 괄목상대할 만큼의 발전 과정을 직접 목도할 수 있었다. 돌이켜보면 매년 갱신되는 SOTA와 함께 쏟아져 나오는 새로운 이론과 기법들은 전산언어학계에서 통용되는 지식의 수명을 늘 단축시켰으며 미처 하나를 익히기 전에 또다시 새로운 연구 트렌드를 좇아야 하는 숨가쁜 상황의 지속이었다. 하지만 ACL, CCL 등의 전산언어학 학술대회에서 만났던 수많은 젊은 중국인 연구자들은 대부분 이러한 변화의 물결을 뒤좇고자 하는 열의가 충만했고, 실제로 산학연과 중국 정부의 지원 아래 미국에 견줄만한 자연어처리 연구 생태계를 만들어 냈다.

이러한 중국 전산언어학계의 성장세를 감안할 때 한국의 학계에서도 중국과의 연구 교류, 산학연 생태계 구축에 관심을 가질 필요가 있다. 그러나 최근 한국과 중국 간에는 오히려 과거 활발했던 연구 교류가 줄어드는 실정이다. 또한 데이터 댐 등 한국 정부 주도의 AI 산업 활성화 방안이 논의되고 있지만 핵심이 되는 자연어처리 분야에서 중국의 자연어처리에 대한 이해와 관심이 부족하다. 중국의 자연어처리 기술도 세계적 수준에 이른 분야가 많고 한자를 기반으로 하는 처리 경험도 축적되어 있으므로 적절히 활용하면 한국어 처리에도 도움이 될 것이다. 한자문화권에서 많은 언어적 요소를 공유하는 중국의 자연어처리 기술에 대한 관심과 교류는 궁극적으로 한국어와 중국어를 모두 이해하는 인공지능을 실현시키는데도 기여할 것이다.

참고문헌

강병규(2007), "통합형 언어 데이터베이스 『현대중국어문법정보사전』의 구축과 활용," 중국어문학논집 46, 191-218.

강병규(2019), "AI의 중국 古典诗歌 창작－诗语의 학습과 생성," 중국문학 100, 183-208.

강병규(2021), "딥러닝 언어모델과 중국어 문법－BERT를 활용한 방향보어의 예측 모형을 중심으로," 중국문학 106, 29-57.

강병규・이지은(2018), "신경망 기계번역의 작동 원리와 번역의 정확률－중한 번역을 실례로," 중어중문학 73, 253-295.

박민준(2019), "중국어 어휘 유사도 계산과 언어학적 고찰," 중국학연구 88, 37-66.

박민준・강병규(2019), "중국어 구문분석기의 작동 원리와 응용 사례－Cparser를 중심으로," 중국언어연구 82, 233-266.

Bahdanau, D., Cho, K., and Bengio, Y. (2014), "Neural machine translation by jointly learning to align and translate," *arXiv preprint* arXiv:1409.0473.

Bawden, R., Di Nunzio, G., Grozea, C., Unanue, I., Yepes, A., Mah, N., and Yeganova, L. (2020), "Findings of the WMT 2020 biomedical translation shared task: Basque, Italian and Russian as New Additional Languages," In *Proceedings of the Fifth Conference on Machine Translation*, 660-687.

Chen, H., Huang, S., Chiang, D., and Chen, J. (2017), "Improved neural machine translation with a syntax-aware encoder and decoder," *arXiv preprint* arXiv:1707.05436.

Chen, K., Wang, R., Utiyama, M., Liu, L., Tamura, A., Sumita, E., and Zhao, T. (2017), "Neural machine translation with source dependency representation," In *Proceedings of the 2017 Conference on Empirical Methods in Natural Language Processing*, 2846-2852.

Chen, X., Qiu, X., Zhu, C., Liu, P., and Huang, X. J. (2015), "Long short-term memory neural networks for chinese word segmentation," In *Proceedings of the 2015 Conference on Empirical Methods in Natural Language Processing*,

1197-1206.

Devlin, J., Chang, M. W., Lee, K., and Toutanova, K. (2018), "Bert: Pre-training of deep bidirectional transformers for language understanding," *arXiv preprint* arXiv:1810.04805.

Ethayarajh, K. (2019), "How contextual are contextualized word representations? comparing the geometry of BERT, ELMo, and GPT-2 embeddings," *arXiv preprint* arXiv:1909.00512.

He, W., He, Z., Wu, H., and Wang, H. (2016), "Improved neural machine translation with SMT features." In *Thirtieth AAAI Conference on Artificial Intelligence*, 151-157.

Li, J., Xiong, D., Tu, Z., Zhu, M., Zhang, M., and Zhou, G. (2017), "Modeling source syntax for neural machine translation," *arXiv preprint* arXiv:1705.01020.

Li, S., Zhao, Z., Hu, R., Li, W., Liu, T., and Du, X. (2018), "Analogical reasoning on chinese morphological and semantic relations," *arXiv preprint* arXiv:1805. 06504.

Li, X., Meng, Y., Sun, X., Han, Q., Yuan, A., and Li, J. (2019), "Is word segmentation necessary for deep learning of Chinese representations?" *arXiv preprint* arXiv:1905.05526.

Liu, Y., Che, W., Guo, J., Qin, B., and Liu, T. (2016), "Exploring segment representations for neural segmentation models," *arXiv preprint* arXiv:1604. 05499.

Martindale, M., Carpuat, M., Duh, K., and McNamee, P. (2019), "Identifying fluently inadequate output in neural and statistical machine translation," In *Proceedings of Machine Translation Summit XVII:Research Track*, 233-243.

Papineni, K., Roukos, S., Ward, T., and Zhu, W. J. (2002), "Bleu: a method for automatic evaluation of machine translation," In *Proceedings of the 40th annual meeting of the Association for Computational Linguistics*, 311-318.

Popović, M. (2015), "chrF: character n-gram F-score for automatic MT evaluation," In *Proceedings of the Tenth Workshop on Statistical Machine Translation*, 392-395.

Su, J., Tan, Z., Xiong, D., Ji, R., Shi, X., and Liu, Y. (2017), "Lattice-Based

Recurrent Neural Network Encoders for Neural Machine Translation," In *Proceedings of the AAAI Conference on Artificial Intelligence* 31(1).

Sutskever, I., Vinyals, O., and Le, Q. V. (2014), "Sequence to sequence learning with neural networks," In *Advances in neural information processing systems*, 3104–3112).

Sun, Y., Wang, S., Li, Y., et al. (2019), "ERNIE: Enhanced Representation through Knowledge Integration". *arXiv preprint* arXiv:1904.09223

Vaswani, A., Shazeer, N., Parmar, N., Uszkoreit, J., Jones, L., Gomez, A. N., and Polosukhin, I. (2017), "Attention is all you need," In *Advances in neural information processing systems*, 5998–6008.

Wang, X., Lu, Z., Tu, Z., Li, H., Xiong, D., and Zhang, M. (2017), "Neural machine translation advised by statistical machine translation," In *Thirty-First AAAI Conference on Artificial Intelligence.*

Wu, S., Zhou, M., and Zhang, D. (2017), "Improved Neural Machine Translation with Source Syntax." In *IJCAI*, 4179–4185.

Wu, Y., Schuster, M., Chen, Z., Le, Q. V., Norouzi, M., Macherey, W., and Dean, J. (2016), "Google's neural machine translation system: Bridging the gap between human and machine translation," *arXiv preprint* arXiv:1609.08144.

Wong, K. F., Li, W., Xu, R., and Zhang, Z. S. (2009). "Introduction to Chinese natural language processing," *Synthesis Lectures on Human Language Technologies* 2(1), 1–148.

Yang, Z., Chen, W., Wang, F., & Xu, B. (2016), "A character-aware encoder for neural machine translation," In *Proceedings of COLING 2016, the 26th International Conference on Computational Linguistics: Technical Papers*, 3063–3070.

Zhan, W. (2004), "An Integrated Chinese Grammar Development Environment," In *The 4th China-Japan Joint Conference to Promote Cooperation in Natural Language Processing* (CJNLP-04).

董振东, 董强. (2001), 知网和汉语研究. 当代语言学.

冯志伟. (2011), 计算语言学的历史回顾与现状分析. 外国语(上海外国语大学学报).

胡钦谙, 顾曰国. (2019), 计算语言学研究70年. 见: 新中国语言文字研究70年, 中国社会科学出版社.

李亚超. (2018), 熊德意, 张民.神经机器翻译综述, 计算机学报, 2018, 41(12):2734-2755.

梅家驹, 竺一鸣, 高蕴琦. (1996), 同义词词林(第二版). 上海辞书出版社.

荀恩东, 饶高琦, 肖晓悦, 臧娇娇. (2016). 大数据背景下BCC语料库的研制, 语料库语言学 (1).

杨皓东, 江凌, 李国俊. (2011), 国内自然语言处理研究热点分析－基于共词分析. 图书情报工作, 55(10), 6.

俞士汶等. (2002), 现代汉语语法信息词典详解. 清华大学出版社.

俞士汶, 朱学锋, 段慧明. (2000), 大规模现代汉语标注语料库的加工规范. 中文信息学报, 14(6).

詹卫东. (2010), 计算语言学与中文信息处理研究近年来的发展综述(2004-2008), 见: 中国语言学年鉴 (2004-2008) 待刊

詹卫东, 郭锐, 谌贻荣, (2003), 北京大学中国语言学研究中心CCL语料库(规模:7亿字; 时间:公元前11世纪-当代)

宗成庆, 曹右琦, 俞士汶. (2009), 中文信息处理60年. 语言文字应用(4), 9.

宗成庆. (2016), 中文信息处理研究现状分析. 语言战略研究, 1-6, 19-26.

中国中文信息学会. (2016), 中文信息处理发展报告 2016. http://www.cipsc.org.cn/

입력강화 방식을 통한 형태중심 언어학습 연구

― 인공문법과 독일어어순 학습 사례를 중심으로

유덕근

1. 들어가는 말

'형태중심 focus on form'의 교수학습은 학습자가 목표언어를 경험하는 과정에서 무엇보다 형태에 주목할 수 있는 환경을 최적화하는 것을 중요시한다. 그러나 추상적인 규칙을 직접적인 방식으로 교수하는 문법위주의 전통적인 형태중심 교수법과는 분명한 차이가 있다(Long 1988). Ellis(2016:407-406)는 새로운 형태중심의 접근법을 '상호작용', '우연학습', '묵시적 학습', '형태 주목', '형태-기능 연결' 등 구체적인 언어사용과 밀접하게 관련되는 학습행위로 설명한다. 즉 학습자가 언어사용 맥락에서 언어의 구체적인 형태들을 경험하고, 그 경험이 늘어남에 따라 묵시적으로 규칙을 도출해내는 것이 언어학습의 본질인 것이다.

국내 외국어교육 분야에서도 형태에 초점을 둔 이론 및 경험적 연구가 지난 20여 년 동안 활발히 이루어져 가시적 성과들을 낳았다(예컨대, 강동호 2003; Hwang 2001; Yeo 2002; Yang 2004; 구광진/김동규 2009; 김승준/김갑수 2012;

조윤경 2019; 김지훈/김정렬 2019). 그러나 이들 연구가 영어 교수학습에 지나치게 집중되었고, 그 외 소위 '제2외국어'에 대한 연구사례(예컨대 독일어의 경우, 김옥선 2006; 이해욱 2019; 유덕근 2020 등)가 충분하지 않아 형태중심 접근법의 보편적 적용가능성에 여전히 의문점들이 남아 있다. 무엇보다 성인학습자들의 경우 제한된 학습시간, 기존의 학습이력, 한정된 활용가능성 등으로 인해 이상적인 형태중심 학습에 일정한 한계에 직면할 수 있다(Aguado 2014 참조). 실제 대안 혹은 보완적 기능으로서 명시적 학습이 유의미한 수행성과를 이룬 연구들도 일부 보고된 바 있다(예컨대, 류란/황선유 2009; 송희심 2011; 서영미 2013; 최다인/이미영 2018, 김명진/이상기 2019 등).

본 연구는 이와 같은 맥락에서 한국의 성인학습자들을 대상으로 형태중심의 입력강화 방식을 적용, 그 효과를 분석한 두 가지 경험적 연구의 분석결과를 소개하고자 한다. 우선 이론적 측면에서 언어학습에 미치는 기억의 주요 원리들을 살펴보고, 형태중심 접근법을 통한 학습강화 방안의 적용가능성을 짚어본다. 이어 경험적 측면에서 본 연구에서 진행한 인공문법 학습과 독일어어순 학습에서의 입력홍수 효과를 분석해 봄으로써 묵시적 학습의 보편적 적용가능성을 모색하고자 한다.

2. 기억과 언어학습

형태중심의 사용기반 접근법을 지지하는 연구자들은 언어정보를 기억 속에 저장하고 조직하는 데 있어 입력자극의 빈도성와 반복성을 강조한다(Ellis et al. 2002). 실제 기억의 측면에서 빈도성이 갖는 영향력은 다양한 인지적 현상들에서 확인할 수 있다. 예컨대 유사한 토큰들 중에서 대표적인 자질들을 소유한 '전형 Prototyp'은 새로운 토큰을 범주화하기 위한 인지적 판단기준이 된다(Rosch 1975). 이때 전형은 모든 범주화 과정에서 필요충분 조건을 충족하는 정형성을 나타내는 대신에 개별 토큰들에 대한 사용경험 과 빈도성에 따라 유동적으로 적용되는 역동성을 갖는다(Kleiber 1993). 언어 속 전형은 음운, 어휘, 통사 등 언어층위 전반에 걸쳐 확인되는 보편적인 사용현상이다. 예컨대 Ettlinger/Johnson(2010)은 다양한 L1 배경의 화자들 을 대상으로 독일어 전설고모음 /i/, /ɪ/, /y/, /ʏ/를 구분하는 방식을 관찰하였 다. 관찰결과에 따르면, L1 영어 화자들은 긴장-이완의 관계를 독일어 모음 들을 구분하는 변별적 자질로 삼은 반면에, L1 터키어, 프랑스어 화자들은 원순-평순의 관계를 변별적 자질로서 선호하였다. 이는 L1에서 익숙한 음운 이 일종의 전형이 되어 L2의 소리지각에 개입할 수 있다는 것으로, 그밖에 다양한 연구들(예컨대, Johnson 1997; Pierrehumbert 2001; Bybee 2006; Goldberg 2006; Bod 2009 등)에서도 이와 같은 전형성과 사용빈도의 상관관계가 확인 된 바 있다.

사용빈도에 기반한 또 다른 인지원리로서 '자동화 Automatisierung'가 있 다. 자동화는 다수의 정보들이 하나의 처리단위로서 기억 속에서 군집화 되는 것을 뜻한다. Baddeley et al.(2009:21 이하)는 자동화된 단위를 '청크 chunk'로 칭하고, 이들 단위를 통해 개별 정보들이 하나의 응집된 단위로서 인지적 루틴을 형성하고, 정보의 선제적 처리를 촉진하며, 인지자원의 소모 를 최소화하는 효과를 낳는다고 보았다. 실제 Arnon/Snider(2010)는 개별 낱 말의 사용빈도와 상관없이 다단어로 구성된 청크들(예컨대, "don't have to worry")이 사용빈도에 따라 상이한 수준으로 자동화되어 처리되는 것을 확 인하였다. 같은 맥락에서 독일어 다단어 청크들(예컨대, "in Betracht ziehen", "wie auch immer", "weißt du was" 등)이 자동화된 인지단위로서 선제적 처리에 기여할 수 있다는 연구결과들도 보고되었다(유덕근 2020).

  '유추'의 과정도 토큰의 경험과 빈도를 바탕으로 성립되는 보편적 인지현상에 해당한다. 유추는 두 개의 토큰이 공통된 자질들로 연결될 때 그 중 익숙한 토큰을 바탕으로 다른 토큰을 이해하는 방식이다(Janetzko 1996). 유추는 언어에서도 다양한 형태로 응용되어 높은 생산성을 갖는다(Brodal 2008). 예컨대 독일어 동사의 과거형 굴절접미사 "-te"는 타입으로서 기존의 동사들뿐만 아니라 (1)과 같은 신조어에도 유추관계를 통해 활용된다. 한편 Bybee/Moder(1983)는 L1 영어 화자들이 의사단어들 Pseudowörter의 과거형을 유추하는 과제에서 (2)의 예시들과 같이 오히려 불규칙형을 선택한 것을 확인하였다. 그러나 이도 역시 비슷한 음운구조를 갖는 기존 낱말들에 근거하였다는 점에서 사용빈도의 중요성을 재확인할 수 있다.

  (1) faxte, emailte, googelte
  (2) spim - spam, shink - shunk, spling - splung

  전형, 자동화, 유추가 보편적인 인지현상으로서 무엇보다 토큰들의 구체적인 경험에서 비롯된다는 점은 언어습득 연구에 뚜렷한 영향을 미쳤다. 같은 맥락에서 형태 중심의 사용기반 접근법은 L2의 습득과 사용에 있어 빈도성이 차지하는 비중을 무엇보다 주목하고 입력자극의 최적화를 위한 다양한 이론 및 경험적 연구를 이어왔다(Madlener 2015 참조).

3. 입력자극 분포

사용중심의 접근법은 개별 토큰들의 구체적인 경험을 통해 규칙을 묵시적으로 습득하는 형태중심 교수 방식을 지지한다(Long 1991). Schmidt(1990: 20)는 이러한 방식에서는 "학습자가 주목하는 입력자극이 수용되어 결국 학습의 결과로 이어질 수 있다"는 '주목 가설 noticing hypothesis'을 제안하고, 학습대상인 형태에 주목할 수 있는 입력자극의 환경을 조성하는 것이 중요하다고 주장하였다. 이 가설은 형태 중심의 교수학습을 위한 '입력자극 강화 input enhancement' 방안을 위한 일련의 후속연구들을 촉발하였다(예컨대, Sharwood Smith 1991; Shook 1994; White 1998; Wong 2005; Svalberg 2007; Lee 2008). Sharwood Smith(1991)는 묵시적인 학습과정을 촉진할 수 있는 가장 분명한 방법이 학습대상에 해당하는 형태의 현출성을 강화시키는 것으로, 묵시적 학습과정에서 정보처리의 영역을 확장 혹은 제한시키는 간접적 효과를 불러일으킬 수 있다고 주장하였다. '텍스트형태 강화 textual enhancement'는 일종의 현출성 강화 방식으로, 학습자의 주의를 적극 유도하면서 형태 중심 교수법의 취지에 맞는 암묵적 학습방식을 지원할 수 있다(Han et al. 2008). 이 방식에서는 입력자극의 자소적 측면(예컨대 밑줄 긋기, 볼드체 사용하기, 색깔 입히기 등)을 강화시킴으로써 비교적 적극적으로 학습자가 학습형태에 주목할 수 있도록 만든다. 예컨대, Kim(2006)은 학습대상에 해당하는 영어 낱말들을 볼드체로 표시하여 입력자극을 형태적 측면에서 강화하여 학습자의 묵시적 학습효과를 관찰하고자 하였다. 분석결과에 따르면 학습자들은 단지 형태강화만으로 차별적인 학습반응을 보이지 않았으나, 형태 강화와 더불어 어휘의미가 제시되어 정보의 세밀화가 이루어진 경우 유의미한 학습성과를 이루었다. 그러나 타이포그래피 강화방식은 모든 경험적 연구에서 뚜렷한 효과를 일관되게 가져온 것은 아니다. 각 연구에서 설정한 강화의 정도, 학습형태의 구조, 학습자의 유형 등이 상이하여 형태 강화의 보편적인 효과를 진단하기에는 일정한 한계가 있었다(Alanen 1995; Della Putta 2016 참조).

텍스트의 외형적 강화에 그치지 않고 목표한 형태의 사용빈도를 높이는 소위 '입력자극 홍수 input flood'도 형태에 대한 주목을 끄는 방안으로 개발되었다. Wong(2005:37)에 따르면, 최적화된 입력홍수의 환경에서는 형태에 대한 명시적인 교수학습이 없어도 토큰들을 충분히 경험함으로써 해당 형태를 주목하여 습득할 가능성이 높아진다. 무엇보다 '편중분포 자극 skewed input'은 바로 입력홍수의 원리에 따라 개발된 자극강화 방식으로, 동일한 토큰을 활용한 예시들을 반복하고 관련 타입의 빈도를 낮춤으로써 학습자가 추상적 규칙을 보다 쉽게 인지할 수 있도록 유도한다(Taylor 2012:192). 이에 비해 '균형분포 자극 balanced input'은 토큰들의 빈도가 균형을 이루어 타입의 빈도가 높아 숙련된 학습자들이 표상한 규칙을 창의적으로 적용하는 데 도움이 되는 조건이다(Madlener 2015:63). 실제 경험적 측면에서 초기 규칙학습과 관련한 편중분포의 우위적 효과는 L1 화자들을 대상으로 한 일련의 연구들에서 확인되었다(예컨대, Casenhiser/Goldberg 2005; Goldberg et al. 2004; Kim 2006; Lee 2007; White 1998; Webb et al. 2013 등).

보편적 인지원리에 의한 형태중심의 언어학습 관점에서 볼 때, 입력강화 방식은 L2에도 충분히 적용될 수 있어야 한다. 그러나 적지 않은 선행연구들은 편중분포의 효과를 L2에서는 확인하지 못했다(예컨대, Izumi 2002; Leow et al. 2003; Nakamura 2012; McDonough/Nekrasova-Becker 2014; Year/Gordon 2009). McDonough/Nekrasova-Becker(2014), Nakamura(2012), McDonough/Trofimovich(2013) 등의 진단에 따르면, 편중분포가 L2에서 차별적인 효과를 보이지 않은 것은 L1의 환경과 다른 수업이라는 환경에서 관련 자극들을 접한 것에서 기인한다. 즉 명시적 학습에 의존하는 학습자들은 입력자극이 강화된 학습환경이라 할지라도 개선된 수행성과를 이루지 못한다는 것이다.

4. 인공문법과 독일어 어순 학습

언어 습득과 사용이 경험과 반복의 보편적인 인지원리에 따라 이루어진다는 사용기반 접근법에 기대어 볼 때, 형태중심의 입력강화 방식을 L2 학습에 적용해 볼 가치는 여전히 충분하다. 본 연구는 이와 같은 맥락에서 인공문법과 독일어 어순의 학습양상을 자극분포를 조건화 하여 대조해 보고자 하였다. 이를 통해 학습자가 다수의 토큰들에 대한 경험을 바탕으로 '전형' 및 '유추관계'를 형성하고, '자동화'의 결과로서 이루어 내는 묵시적 학습 수준을 분석하고자 하였다.

4.1. 인공문법 학습

인공문법을 포함한 인공언어 연구는 학습자의 학습이력, 의미지식, L1-L2 간의 상관성 등을 보다 효율적으로 통제하고, 입력자극의 경험에 기반한 규칙학습 능력을 집중적으로 관찰할 수 있는 대안적 접근법으로 널리 활용되고 있다(Morgan-Short 2015). 인공문법 학습을 다룬 다수의 연구는 인간의 묵시적 학습 능력을 관찰하거나(예컨대, Reber 1967; Forkstam/Petersson 2005; Stadler/Frensch 1998; van den Bos/Poletiek 2008 등), 통사구조와 같은 지식의 습득 과정을 분석하는 데 집중되었다(예컨대, Conway et al. 2007; Lelekov-Boissard/Dominey 2002; Silva et al. 2016; Zimmerer et al. 2014 등). 인공문법을 활용한 실험은 규칙에 따라 생성된 토큰들을 학습하는 과정과 학습한 지식을 테스트하는 과정으로 나뉜다. 피험자는 우선 학습 단계에서 인공문법에 대한 사전지식 없이 토큰들의 패턴들을 학습하고 규칙체계를 추론해야 한다. 테스트 단계에서는 새로운 토큰들에 대한 문법성을 판단하는 과제를 부여받는다. 이후 테스트에서의 수행결과를 근거로 피험자의 묵시적 학습능력, 개별 토큰들의 영향력, 청크강도 등을 분석하게 된다(Silvia et al. 2017).

본 실험에서는 Knowlton/Squire(1994)가 사용한 인공문법 체계를 활용해 토큰들을 구성하는 청크들의 노출빈도가 문법성 판단에 미치는 영향을 조건별로 대조해 보고자 하였다. 이를 통해 피험자들의 묵시적 학습역량을 분석하고, 도출된 분석결과를 바탕으로 L2 독일어에서 관찰된 입력강화 방식과 묵시적 학습에 대한 학습자의 반응을 종합적으로 평가하고자 하였다.

4.1.1. 피험자

피험자 집단은 총 20명(남 3명, 여 17명)으로 모두 대학에서 독일어 초급 강좌를 수강하는 학생들로 한정하였다. 본 연구는 인공문법 학습과 독일어 어순 학습을 연계하여 다루고자 하였다. 이를 위해 피험자들은 어순을 체계적으로 배우지 않은 초급수준의 독일어 학습자들로 한정하여 선발하였다. 참여자들의 동질성은 독일어 자기평가와 문법시험을 통해 통제하였다. 우선 독일어 자기평가에서 참여자들은 7점 척도(1=전혀 모름; 7= 모국어수준)를 기준으로 자신의 수준을 평균 1.7로 평가하여 읽기, 쓰기, 듣기, 말하기의 숙달 영역 모두 초급에 해당하는 것으로 조사되었다.

[표 1] 실험참여자들의 독일어 자기평가(n=20)

	평균	표준편차
읽기	2.1	1.8
쓰기	1.6	1.9
듣기	1.8	1.2
말하기	1.4	1.5
평균	1.7	1.6

이와 더불어 자기평가의 자의성을 보완하기 위해 모든 참가자들은 사후에 자체적으로 준비한 문법시험을 보았다. 시험결과 피험자들의 평균점수는 39.2/100점(SD=9.4)으로 모두 초급수준에 해당하는 것으로 분석되었다. 그러나 최초 자기평가에서 언어수준을 초급으로 분류하여 실험에 참가한 3명은 사후 문법시험에서 50점 이상을 받아 실제 초급에 해당되지 않는다고 판단되어 통계에서 제외하였다. 그밖에 피험자들의 독일어 학습이력은 실험 진행 시점을 기준으로 평균 3.9개월(SD=1.5)로 나타났다.

4.1.2. 실험재료

Knowlton/Squire(1994; 1996)는 명시적 기억에 장애가 있는 환자들과 장애가 없는 일반 통제집단을 대상으로 인공문법의 학습능력을 분석한 바 있다. 이들이 진행한 일련의 실험결과에 따르면, 통제 집단뿐만 아니라 기억장애 집단 모두 토큰들에 대한 경험을 바탕으로 추상적인 규칙체계를 추론함과 동시에, 토큰들을 구성하는 구체적인 활자연쇄의 노출빈도, 즉 '청크강도 chunk strength'를 묵시적으로 학습한 것으로 분석되었다. 이는 무엇보다 인공문법이 명시적 기억에 독립적으로 학습될 수 있음을 보여주는 것으로, 보편적인 인지 측면에서 언어의 묵시적 학습가능성을 엿볼 수 있는 연구결과로 평가된다(Meulemans/van der Linden 2002 참조).

유덕근(2020)은 Knowlton/Squire(1994)의 인공문법을 참조하여 한글자모 조합을 규정하는 규칙체계를 만들고 이를 통해 생성된 토큰들을 한국인 피험자들에게 제공함으로써 묵시적 학습과정을 관찰한 바 있다. 결과에 따르면, 피험자들은 규칙에 상응하는 토큰들을 유의미한 수준으로 변별하여 추상적인 규칙체계에 대한 지식을 묵시적으로 형성할 수 있음을 보여주었다. 또한 토큰을 구성하는 두세 개의 자모 단위들, 즉 소규모 청크들의 노출빈도에 대한 차별적 반응이 나타나, 청크강도가 높을수록 토큰을 문법적인 것으로 받아들이는 비율이 높았다. 본 실험은 이에 후속하여 청크강도를 이원화하여 학습성과를 대조하는 방식으로 자극강화 방식의 효율성을 집중적으로 분석해 보고자 하였다. 이를 위해 Knowlton/Squire(1994)에서 소개된 인공문법을 응용하여 [그림 1]과 같은 문법체계를 적용, 자극토큰들을 생성하였다.

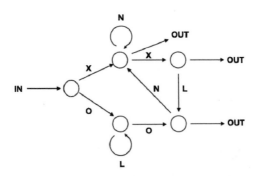

[그림 1] Knowlton/Squire(1994:82)의 인공문법에
토대를 둔 실험용 규칙체계

본 인공문법은 L, N, O, X를 기본 단위로 하여 일련의 규칙을 통해 다양한 길이의 토큰들을 생성해낼 수 있다. 규칙에 따르면, 모든 토큰들은 IN에

서 연결되는 X 혹은 O로 시작되며, 이어 주어진 경로에 따라 다양한 철자들
이 후속하여 소규모 청크들을 형성한다. 이때 N과 L은 특정한 경로에서 무
한하게 반복될 수 있으며, 토큰들이 종료되는 OUT 지점에서는 네 가지 철
자 모두 위치할 수 있다. 규칙대로라면 토큰의 길이는 무한대로 확장될 수
있으나, 본 실험에서는 [표 2]와 같이 최대 6개의 철자로 이루어진 토큰들만
허용하였다. 그 결과 총 46개의 토큰들이 생성되었고, 피험자들에게 실험
단계에 따라 나누어 제공하였다.

[표 2] 인공문법에 따라 생성된 46개의 토큰들

OLLLLO	OLON	OON	OONXL	XNNNXL	XX
OLLLO	OLONN	OONN	XN	OLLLON	XXL
OLLO	OLONNN	OONNN	XNN	XNNX	XXLN
OLLON	OLONNX	OONNNN	XNNN	XNNXL	XXLNN
OLLONN	OLONX	OONNNX	XNNNN	OONXLN	XXLNNN
OLLONX	OLONXL	OONNX	XNNNNN	XNX	XXLNNX
OLO	OO	OONNXL	XNNNNX	XNXL	XXLNX
		OONX	XNNNX	XNXL	XXLNXL

4.1.3. 실험절차

인공문법과 관련한 실험목적은 피험자들에게 명시적으로 밝히지 않았다.
대신에 토큰들을 미지의 언어에서 쓰이는 낱말들로 소개하고, 이들 낱말을
중심으로 해당 언어를 탐구하고자 한다고 설명하였다. 실험은 학습 단계와
테스트 단계로 나뉘었다. 우선 학습 단계에서는 피험자들이 전체 토큰목록
중에 23개의 토큰을 컴퓨터 화면을 통해 접하였다. 개별토큰들은 하나씩
6초간 제시하였으며, 피험자들은 토큰이 사라지면 빈 화면에 확인한 토큰을
그대로 입력해야 했다.

본 실험은 피험자가 개별 토큰들을 경험함에 따라 구체적인 철자들의 조합인 청크에 대한 지식도 묵시적으로 형성할 것으로 기대하였다. 피험자가 학습용 토큰들에서 경험한 청크들을 출현빈도와 함께 정리하면 [표 3]과 같다. 학습 단계에서 활용된 청크의 종류는 둘 혹은 세 개의 철자조합으로 한정하여 보면 총 27개로, NN(33회), NNN(15회), NX(12회) 등의 순서로 가장 높은 사용빈도를, ONX(1회), OLL(1회), LNN(1회) 등은 반대로 가장 낮은 빈도를 나타냈다.

[표 3] 학습토큰들에 나타난 청크들의 출현빈도

청크	출현빈도	청크	출현빈도	청크	출현빈도
NN	33	OON	6	XLN	3
NNN	15	XL	6	XX	3
NX	12	LO	5	XXL	3
ON	11	LON	5	LLO	2
XN	9	OL	5	LNX	2
NNX	8	NXL	4	LLL	1
XNN	8	LL	3	LNN	1
ONN	6	LN	3	OLL	1
OO	6	OLO	3	ONX	1

[표 4]는 학습 단계에서 제공된 토큰목록을 정리한 것이다. 함께 제시된 청크강도는 Knowlton/Squire(1996)이 제안한 계산방식을 따라 토큰을 구성하는 청크들의 출현빈도수를 모두 합하여 청크수로 나눈 것이다. 전체 토큰들의 평균 청크강도는 13.3이고, 강도가 높을수록 출현빈도가 높은 청크들 (예컨대, NN, NNN, NX 등)이 다수 포함되어 있었다.

[표 4] 학습 단계에서 제공된 23개 학습토큰과 청크강도

토큰	청크강도	토큰	청크강도	토큰	청크강도
OONNNX	26	OONNN	15.57	OLONNX	10
XNNNNN	21.77	XNNNXL	14.22	XN	10
XNNNN	21.14	OLONNN	13.75	XXLNNX	8.37
XNNN	20	OONN	12.2	OLLONX	5.5
XNNNNX	18.44	OONNX	12.16	XXLNX	4.57
OONNNN	17.44	XNNXL	12	XXLNXL	4.5
XNN	17.33	OONNXL	10.33	OLLLON	4.12
XNNNX	16.85	OLONN	10.33		

이어 테스트 단계에서는 피험자들이 묵시적으로 학습한 문법규칙을 바탕으로 32개의 토큰들에 대한 적형판단을 해야 했다. 실험자는 새롭게 제시하는 토큰들이 학습 단계에서 접한 미지의 언어에서 사용되는 낱말인지를 판단해줄 것을 요청하였다. 테스트 토큰들 중에 16개는 미사용된 기존의 토큰들에서 선별하였고, 나머지 16개는 모두 한 곳에서 규칙위배가 발생하는 토큰들로 구성하였다. [표 5]는 테스트 단계의 토큰 목록을 제시한 것이다.

[표 5] 테스트 단계에서 제시한 규칙상응 토큰과 규칙위배 토큰 목록

규칙상응 토큰				규칙위배 토큰			
높은 청크강도		낮은 청크강도		높은 청크강도		낮은 청크강도	
토큰	강도	토큰	강도	토큰	강도	토큰	강도
XNNNXL	14.22	OLON	5.8	XNNNNL	20.85	OONNOL	11.16
XNNX	14	OONXLN	5.77	ONNN	19.6	OLNNX	10.33
XXLNNN	11.11	OLLONN	5.66	XNNNL	19.6	NONX	8
XNXL	7.75	OLO	4.33	LNNNNX	17	XLX	6
OON	7.66	OLLO	3.75	OONNNO	16.5	OOLLON	4.74
XXLNN	7.42	XXLN	3.6	LONNNX	14.22	OLLOO	3.66
OONXL	6.57	OLLLLO	3.5	OXNNX	14	OLLOL	3.5
OLONXL	5.85	XX	3	XONNXL	11.42	XXO	3
평균	9.32	평균	4.42	평균	16.64	평균	6.29
전체 평균			6.87	전체 평균			14.47

청크강도 측면에서 규칙 토큰들의 평균 청크강도는 6.87로, 불규칙 토큰들의 청크강도 14.47보다 뚜렷하게 낮았다. 가장 높은 청크강도를 보인 규칙토큰은 14.22인 XNNNXL이였고, 불규칙토큰은 20.85의 XNNNNL이었다.

피험자들은 연습 단계에서와 같이 컴퓨터 화면을 통해 개별 토큰들을 하나씩 접하였다. 노출시간은 6초로, 피험자는 이후에 최대한 빨리 지정된 버튼을 눌러 해당 토큰이 탐구한 언어에 속하는 낱말인지를 판단해야 했다.

4.1.4. 실험결과

피험자들의 반응결과를 토대로 인공문법에 대한 학습수준과 빈도효과를 통계적으로 확인해 보기위해 토큰의 규칙성과 청크강도를 주요인으로 하여 반복측정 분산분석을 실시하였다. 분석결과에 따르면 규칙에 상응하는 토큰들과 규칙에 위배하는 토큰들에 대한 적형판단 비율은 각각 42.04%, 43.41%로, 서로 간에 유의미한 차이가 확인되지 않았다. 그러나 청크강도 요인 효과가 확인되어, 규칙상응 여부와 상관없이 청크강도가 상대적으로 높은 상위 50% 토큰들의 적형판단율은 49.37%인 반면, 하위 50%의 청크강도를 보인 토큰들은 36.07%로, 두 집단 간 차이가 유의미하였다($f(19)=86.132$, $p<.01$). 또한 규칙성과 청크강도의 요인 간 상호작용도 확인되었다($f(19)=30.642$, $p<.01$).

유의미한 요인 간 상호작용에 따른 조건별 대응비교를 실시하였다. 분석결과에 따르면, 문법에 상응하는 토큰들 내에서 높은 청크강도의 토큰들에 대한 적형판단율은 43.15%, 낮은 청크강도의 토큰들에 대한 적형판단율은 40.94%로, 둘 간의 차이는 통계적으로 유효하지 않았다. 오히려 문법에 위배된 토큰들 내에서 청크강도에 따라 적형판단율이 뚜렷한 차이를 보여, 높은 청크강도 조건은 55.61%, 낮은 청크강도 조건은 31.21%를 나타냈다 ($f(19)=84.058$, $p<.01$).

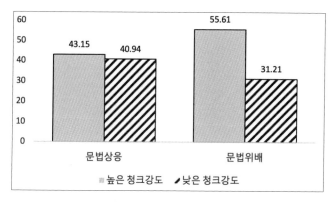

[그림 2] 인공문법 토큰들에 대한 적형판단 비율(%)

4.1.5. 결과해석

본 실험은 인공문법을 활용해 피험자들의 묵시적 학습역량을 측정해 보고자 하였다. 또한 토큰들을 구성하는 철자 청크들의 노출강도에 따라 학습효과를 관찰하여 자극강화의 인지적 타당성을 엿보고자 하였다. 분석결과에 따르면, 학습자들은 규칙 토큰 조건과 불규칙 토큰 조건에서 유사한 적형판단 비율을 나타냈다. 이는 학습자들이 학습 단계에서 경험한 토큰들을 통해 문법규칙들을 묵시적으로 학습하는 것이 충분하지 않았다는 것을 뜻한다. 이로 인해 불규칙 토큰들을 문법적인 적형으로 판단하는 오류 비율이 그만큼 높았다는 의미도 될 수 있다.

그러나 본 실험이 참조한 Knowlton/Squire(1994; 1996), 유덕근(2020) 등의 선행연구들에서 인공문법에 대한 묵시적 학습성과가 일부 확인된 점을 미루어 볼 때 이와 같은 결과는 다소 이례적이라 할 수 있다. 흥미로운 점은 규칙에 위배 조건에서 청크의 강도가 높은 토큰들이 청크의 강도가 낮은 토큰들 보다 뚜렷하게 높은 적형판단율을 보인 데 있다. 학습자들은 토큰들

을 바탕으로 추상적인 문법체계의 수준에 이르기까지 묵시적 학습의 성과
를 이루어내지는 못한 것으로 해석할 수 있다. 그러나 개별 청크들의 사용빈
도가 증가함에 따라 청크의 전형들을 형성하고 이들 단위를 기준으로 개별
토큰들에 대한 유추관계를 형성한 것으로 보인다. 실제 규칙위배 토큰들의
청크강도는 평균 14.47로 6.87의 규칙상응 토큰들보다 월등히 높았다.

　Tomasello(2003)는 이와 같은 청크 단위 중심의 정보처리가 자연언어 학
습에서 나타나는 보편적인 인지원리에 해당한다고 보았고, 실제 일련의 경
험적 연구에서 청크 단위의 언어습득 향상이 보고되었다(예컨대, Bolinger
1976; Nattinger/DeCarrico 1992; Pawley/Syder 1983; Serrano et al. 2015; Appel/
Wood 2016 등). 앞서 소개한 선행연구들에서도 이와 같은 청크강도를 문법성
의 기준으로 삼았다고 볼 수 있는 행동반응이 일부 관찰되었다. 그러나 이들
연구에서는 규칙체계의 묵시적 학습효과가 함께 확인되었다. 본 연구에서
나타난 묵시적 문법학습의 부족은 규칙 토큰들의 낮은 청크강도에서 기인
한 것으로 보인다. 선행연구들의 경우 청크강도를 기준으로 규칙상응 조건
과 규칙위배 조건은 서로 유사했다.

4.2. L2 독일어 어순 학습

　인공문법을 활용한 실험에서 피험자들은 청크강도가 높을수록 토큰들을
보다 수월하게 인지하고 범주화하는 것으로 나타났다. 이는 청크 단위가
정보를 학습하고 처리하는 데 있어 유의미한 기준이 될 수 있음을 보여준다.
사용기반의 언어학적 관점에 기대어 볼 때, 언어학습 또한 보편적인 인지원
리를 따른다고 가정한다면 인공문법 학습에서 나타난 청크 단위의 작용은
자연언어의 L2 학습에도 유사한 형식으로 적용될 것으로 기대할 수 있다

(Ettlinger et al. 2016). 이러한 맥락에서 본 연구는 앞선 인공문법에 참여한 동일한 피험자 집단을 대상으로 L2 독일어의 어순 학습양상을 입력강화 방식을 조건화하여 관찰하였다.

4.2.1. 실험재료

독일어는 비교적 풍부한 굴절정보를 바탕으로 문장성분들의 이동을 폭넓게 허용하는 언어에 해당한다. 독일어에서도 무표적인 보편적 어순이 존재하여 L1 독일어 화자들이 이에 대한 지식을 바탕으로 문장을 선제적으로 처리할 수 있다는 연구결과도 보고된 바 있다(예컨대, Gorrell 2000; Schlesewsky et al. 2000). 그러나 문장의 중간영역 Mittelfeld에만 한정하여도 문장성분의 위치관계는 9가지 이상의 복합적인 요인들을 통해 역동적으로 결정된다 (Eisenberg 2004 참조). 이러한 독일어 어순관계는 실제 학습자에게 있어 쉽지 않은 도전과제라 할 수 있다(Barkowski et al. 2014).

본 실험에서는 입력강화 방식을 통해 문장의 중간영역에 위치한 두 개의 목적어 어순에 대한 묵시적 학습의 성과를 분석해 보고자 하였다. Lenerz (1977)는 중간영역의 어순을 결정하는 요인으로 테마 Thema와 레마 Rhema 의 관계를 조명한 바 있다. 그에 따르면, (3)과 같은 맥락에서 레마는 "das Geld", 테마는 "dem Kassierer"가 된다. 따라서 "dem Kassierer"가 선행하는 문장 (4)가 자연스러운 어순이고 "das Geld"가 선행하는 문장 (5)는 그렇지 않다.

(3) Was hast du dem Kassierer gegeben?

(4) Ich habe dem Kassierer$_{THEMA}$ das Geld$_{RHEMA}$ gegeben.

(5) ?Ich habe das Geld$_{RHEMA}$ dem Kassierer$_{THEMA}$ gegeben.

Eisenberg(2004), Dürscheid(2007), Pittner/Berman(2015) 등은 정보구조에
연동되는 테마-레마의 관계와 더불어 보편적으로 선호되는 어순, 즉 무표적
어순이 명사 형식의 성분들 간에 존재한다고 보았다. 이들에 따르면, 중간영
역에서는 간접목적어가 직접목적어에 선행하는 어순이 보편적이라 할 수
있고, 그 외 다음의 기준들을 바탕으로 목적어들의 어순을 정형적으로 판단
할 수 있다.

- 명사 형식의 문장성분들 간 어순: 주어 > 간접목적어 > 직접목적어
- 대명사 형식의 문장성분들 간 어순: 주어 > 직접목적어 > 간접목적어
- 문장의 정보구조: 테마 > 레마
- 문장성분의 한정성: 정관사 + 명사 > 부정관사 + 관사
- 문장성분의 형식: 대명사 > 명사
- 문장성분의 의미역: 행위자 역 > 그 외 다른 의미역

이들 원칙들이 포착하고 있는 차원들은 상호 배타적이거나 중첩되는 부
분들도 있어 모두가 중간영역에 동시에 적용될 수는 없을 것이다. 화자는
구체적인 사용경험을 축적함으로써 특정상황과 맥락에서 일정한 차원의 어
순원칙을 적용해야 한다. 이에 따라 본 실험에서는 L2 학습자들에게는 쉽지
않은 도전과제라 할 수 있는 중간영역 어순의 토큰들을 입력강화의 방식으
로 제공하고 그 과정에서 학습자들이 포착하고 규칙화한 결과를 관찰해 보
고자 하였다. 이를 위해 문장의 어순유형을 목적어의 형식과 한정성을 주요
인으로 하여 [표 6]과 같이 총 9가지로 한정하였다. 첫 번째 주요인인 목적
어의 형식은 관사를 동반한 명사와 대명사 조건으로 나누었다(예컨대, "ein
Buch" vs. "es"). 그리고 두 번째 주요인인 목적어의 한정성은 정관사를 동반

한 명사 혹은 대명사의 한정적 맥락 조건과 부정관사를 동반한 명사의 비한
정적 맥락 조건으로 나누었다(예컨대, "das Buch"/"es" vs. "ein Buch"). 이에 따
라 9가지의 어순유형들 중에 간접목적어가 직접목적어에 선행하는 경우는
1, 2, 3, 4, 5번 어순 조건이고, 직접목적어가 선행하는 경우는 나머지 6,
7, 8, 9번 어순 조건이었다.

[표 6] 피험자들에게 노출한 9가지 어순유형

	목적어 형식		한정성		어순	예시
	간목	직목	간목	직목		
1	명사	명사	O	O	간목-직목	Er gibt dem Fremden das Buch.
2	명사	명사	O	X		Er gibt dem Fremden ein Buch.
3	명사	명사	X	X		Er gibt einem Fremden ein Buch.
4	대명사	명사	O	O		Er gibt ihm das Buch.
5	대명사	명사	O	X		Er gibt ihm ein Buch.
6	명사	명사	X	O	직목-간목	Er gibt das Buch einem Fremden.
7	명사	대명사	O	O		Er gibt es dem Fremden.
8	명사	대명사	X	O		Er gibt es einem Fremden.
9	대명사	대명사	O	O		Er gibt es ihm.

문장에서 두 개의 목적어를 이끌 동사는 사용빈도가 높은 9개의 이중타동
사 ditransitive Verben "bringen", "empfehlen", "erzählen", "geben", "leihen",
"schenken", "schicken", "verbieten", "zeigen"이 사용되었다.[1]
본 실험은 L2 학습자들을 대상으로 입력강화 효과를 검증하기 위해 입력
자극의 편중분포 방식과 균형분포 방식에 대한 학습자들의 반응을 살펴보

1 9개의 동사는 Dreyer/Schmitt(2008:73)이 [Lehr- und Übungsbuch der deutschen Grammatik]
에서 제공한 주요 이중타동사 목록에서 선별함.

고자 하였다. 우선 편중분포의 대상은 직접목적어가 선행하는 유표적 어순 유형으로, 6, 7, 8, 9의 토큰을 각각 5회씩 총 20회 제공하였고, 나머지 무표적 어순유형 1, 2, 3, 4, 5의 경우 토큰을 각각 1회씩 총 5회 제공하였다. 이로써 유표적 어순과 무표적 어순의 토큰비율이 20:5가 되도록 하였다. 이에 비해 균형분포에서는 모든 어순유형들을 골고루 접할 수 있도록 하여 각 유형의 토큰을 3회씩 제공하였다. 그밖에 피험자들이 접하는 토큰들은 매번 상이한 내용을 담아 제시하였고, 9개의 동사를 최대한 고르게 노출되도록 하였다.

4.2.2. 피험자 집단

실험목적에 따라 피험자들은 [표 7]과 같이 편중분포, 균형분포, 통제 집단으로 나누었다.

[표 7] 피험자 집단

피험자	인원	독일어 수준	학습방식
편중분포 집단	20	초급	편중분포에 의한 묵시적 학습
균형분포 집단	18	초급	균형분포에 의한 묵시적 학습
통제 집단	15	초급	명시적 학습

편중분포 집단은 인공언어 실험에 참여한 피험자들로 구성하였다. 나머지 두 집단은 편중분포 집단과 최대한 유사한 L2 독일어 수준의 대학생들로 구성하였다. 균형분포 집단은 총 18명(남 4명, 여 14명)으로 대학에서 초급 독일어 과목을 수강하는 학생들로 모집하였다. 이들의 문법시험 점수는 평균 36.6/100점(SD=7.1)이었고, 독일어 학습이력은 4.4개월로 편중분포 집단과 뚜렷한 차이가 없는 것으로 분석되었다(4.1.1 비교). 이와 더불어 15명의

통제 집단(남 3명, 여 12명)은 문법시험에서 평균 35.8/100점(SD=8.2)을 받았고 5.1개월의 학습이력을 가지고 있어 역시 다른 두 집단과 유사한 학습자 수준을 보이는 것으로 판단하였다.

4.2.3. 실험절차

실험은 [표 8]과 같이 학습 단계와 테스트 단계로 구성되었다. 첫 번째 학습 단계에서는 우선 실험에서 사용될 이중타동사들과 목적어명사들을 사전에 학습하는 단계를 거쳤다. 어휘학습은 집단별로 수업공간에서 함께 진행하는 형식을 택하였으며, 학습과정에서 문장 단위의 특정 어순을 사전에 노출하는 것을 방지하기 위해 어휘에 대한 설명을 독일어로 제시하고 알맞은 동사를 함께 찾아내는 방식을 적용하였다.

[표 8] 피험자 집단별 학습 단계와 테스트 단계

단계	시간	편중집단	균형집단	통제집단
어휘학습	1시간	이중타동사 학습	이중타동사 학습	이중타동사 학습
어순학습	50분	편중분포에 의한 어순 학습	균형분포에 의한 어순 학습	어순원리에 대한 명시적 교수
테스트 1	30분	반응시간 테스트	반응시간 테스트	반응시간 테스트
테스트 2	30분	cloze 테스트	cloze 테스트	cloze 테스트

이어 어순학습 단계에서는 피험자 집단에 따라 어순유형을 경험하는 조건이 달랐다. 우선 통제집단은 목적어의 형식과 한정성을 중심으로 9개 어순유형에 대한 설명을 듣고 [표 6]에서 제시된 예시들을 함께 접하였다. 이에 비해 편중집단의 경우 유표적 어순유형들을 중심으로 편중된 토큰들을 경험하도록 하였다. 어순유형의 배치순서는 유표적 어순들을 먼저 제시하고 무표적 어순을 이어 제시하여 편중분포 효과를 최대화하고자 하였다(Goldberg et al.

2008). 이에 비해 균형분포 집단들은 어순유형들의 토큰을 무작위로 배치하여 특정 어순유형이 특정 순서에 집중되지 않도록 하였다.

편중분포 집단과 균형분포 집단은 컴퓨터를 활용하여 [그림 3]과 같이 세 단계에 걸쳐 어순유형들을 학습하였다. 우선 '학습 단계'에서는 피험자가 주어진 이미지 내용에 상응하는 문장을 박스 안의 어휘들을 활용하여 표현해야 했다. 문장을 완성한 후에 일정한 버튼을 누르면 화면은 '반복 단계'로 넘어갔다. 화면에는 모범 문장이 제시되고 하단에는 스피커 모양의 아이콘이 있어 클릭하면 여성원어민의 발음을 확인할 수 있었다. 피험자가 원하는 시간만큼 반복 학습을 한 후 버튼을 누르면 마지막 '복습 단계'로 넘어갔다. 이 단계에서 다시 한 번 '학습단계'에서 제시한 이미지와 내용어휘 중심의 표현들을 박스 안에 제시하여 피험자가 학습한 문장을 능동적으로 표현할 수 있도록 하였으며, 모범문장을 재확인하고 싶은 경우 마이크 아이콘을 누르면 해당 문장을 들을 수 있었다. 박스 안 목적어들의 제시 순서는 '학습 단계'와 '복습 단계'에 따라 다르게 제시하여 특정 어순에 대한 점화효과를 최소화하고자 하였다.

학습 단계   반복 단계   복습 단계

[그림 3] 어순학습의 세 가지 단계

사후 테스트는 두 단계에 걸쳐 진행하였다. 첫 번째 테스트에서는 화면에

제시된 이미지에 맞는 문장을 주어진 표현들을 활용해 완성하도록 하였다. 피험자는 이전에 학습하지 않은 새로운 18개의 문장을 표현하도록 하였으며 9개의 어순유형이 두 번씩 노출되도록 하였다. 두 번째 테스트는 일주일 후에 실시하였으며 학습 단계와 1차 테스트에서 활용된 각 9개의 문장을 가져와 총 18개의 문장을 가지고 테스트하였다. 이전과 달리 필요한 관사는 생략하고 내용 어휘들만 제시하여 표현의 자율성을 조금 더 부여하였다. 이를 통해 피험자들이 보편적으로 선호하는 어순과 관사활용 방식도 함께 분석해 보고자 하였다.

1차 테스트   2차 테스트

[그림 4] 두 단계 테스트 예시

4.2.4. 실험결과

1차 테스트에서는 오로지 어순 판단 비율만을 가지고 집단 간 차이를 분석하였다. [표 9]는 학습조건별 어순판단 비율에 대한 기술통계량을 정리한 것이다. 집단 간 평균분산 분석을 진행한 결과, 보편적 어순에 해당하는 1, 2, 3, 4, 5번 어순유형에 대한 학습조건 간 차이는 확인되지 않았고, 모든 집단이 평균 85% 내외로 보편적 어순을 선호한 것으로 분석되었다. 이에 비해 6, 7, 8, 9번 어순유형의 경우, 집단 간 차이가 통계적으로 유의미한

것으로 나타났다(F(2)=127.292, p<.01). 그 중에 편중분포 집단은 보편적 어순
으로 표현한 평균비율이 43.1%에 그쳐 다른 집단들에 비해 유표적 어순의
문장들을 가장 많이 표현한 것으로 집계되었다. Scheffe 방식에 의한 사후검
증 결과, 편중분포 집단은 균형분포 집단과 통계적으로 유의미한 차이를
이루는 것으로 분석되었고(p<.01), 반면에 명시적 학습을 진행한 통제집단과
는 뚜렷한 차이가 없었다.

[표 9] 1차 테스트에서의 9가지 어순조건별 보편적 어순 사용 비율(%)

어순조건	편중분포	균형분포	명시적 학습
1	89.3	85.2	87.2
2	83.4	83.5	85.1
3	76.9	84.2	87.8
4	90.5	83.5	89.6
5	88.7	87.3	90.5
유형평균(SD)	85.8(7.5)	84.8(7.0)	88.1(6.4)
6	44.1	65.3	50.2
7	36.5	66.1	43.6
8	38.1	72.4	42.1
9	53.8	69.2	45.3
유형평균(SD)	43.1(5.1)	68.2(5.5)	45.3(5.1)
전체평균	66.8	77.4	69.0

개별어순 조건들에 대한 피험자들의 반응양상을 살펴보면, 우선 간접목
적어와 직접목적어 모두 명사형태로 표현되고 비한정성을 갖는 3번째 어순
조건에서 뚜렷한 차별성이 나타났다. 편중분포 집단에서 3번째 어순조건은
동일한 어순유형 내 다른 어순조건들보다 낮은 보편어순 사용 비율을 나타
냈다(F(4)=21.159, p<.01). Bonferroni 방식에 의한 사후검증에 따르면, 어순
조건 간 차이는 유효한 것으로 분석되었다(각 대응쌍 모두 p<.01). 이와 더불어

3번 어순조건을 중심으로 학습방식의 요인효과가 확인되었고(F(2)=13.615, p<.01), Scheffe 방식에 따른 편중집단 중심 대조도 유의미한 것으로 나타났다(모두 p<.01). 그밖에 편중분포 집단은 직접목적어가 대명사로 표현되고 간접목적어가 명사형태로 표현된 어순조건 7과 8에 유독 낮은 보편어순 선호도를 보였으며, 실제 학습방식에 따른 요인효과가 검증되었다(어순 7: F(2)=13.651, p<.01; 어순 8: F(2)=9.391, p<.01).

2차 테스트에서는 일반명사들이 관사 없이 제시되어 어순을 판단하는 데 있어 결정적 기준이라 할 수 있는 한정성을 판단할 수 없었다. 이를 통해 피험자가 선호하는 관사와 이에 따른 어순의 유형을 조사하고자 하였다. 피험자들이 관사가 들어가야 할 맥락에 관사를 생략한 경우 분석대상에서 제외하여 실제 16.7%의 문장들이었다. 그밖에 문장의 선두에 주어 대신에 목적어 성분을 위치시킨 경우는 분석에서 제외하지 않고, 목적들 간의 선후행 관계를 판단하였다. [표 10]은 2차 테스트의 기술통계량을 정리한 것이다.

[표 10] 2차 테스트에서 확인된 9가지 어순조건별 보편어순 및 어순조건 비율(%)

어순조건	편중분포		균형분포		명시적 학습	
	보편어순	비율	보편어순	비율	보편어순	비율
1	90.3	32.7	91.3	34.8	93.3	29.7
2	84.5	3.8	89.6	3.9	87.6	5.1
3	83.8	4.9	89.2	3.2	91.2	6.1
4	91.8	17.9	89.1	13.4	88.9	14.1
5	90.5	4.3	87.7	8.8	90.7	8.1
유형평균(SD) 및 비중	88.1(5.6)	63.6	89.3(5.4)	64.1	90.3(5.2)	63.1
6	53.4	3.1	73.3	2.6	68.3	3.6
7	40.2	16.8	72.5	12.9	63.9	13.7
8	42.6	5.4	73.8	9.3	69.8	8.5
9	54.1	11.1	74.3	11.1	65.9	11.1
유형평균(SD) 및 비중	47.5(6.1)	36.4	73.4(7.2)	35.9	66.9(5.7)	36.9
전체평균	66.8	100	77.4	100	69.0	100

집단 간 분산분석을 실시한 결과, 1차 테스트처럼 1, 2, 3, 4, 5번 어순유형에서 집단 간 차이는 확인되지 않았다. 그러나 6, 7, 8, 9번 어순유형에서는 학습방식의 요인효과가 나타났다(F(2)=84.248, p<.01). Scheffe 방식에 의한 사후검증 결과, 편중집단을 중심으로 한 집단 간 대조는 유의미한 차이를 보였다(p<.01). 개별 어순 조건들의 비율을 살펴보면, 피험자들은 두 개의 목적어가 명사형식으로 제시된 어순 조건 1, 2, 3, 6에서 정관사와 함께 표현하는 방식을 뚜렷하게 선호하였다. 그 결과 학습조건과 상관없이 1번 어순 조건의 문장들이 가장 많이 생산되었다. 그밖에 [그림 5]에서 확인할 수 있는 바와 같이 6, 7, 8, 9번 어순유형에서 1차 테스트에 비해 간접 목적어가 선행하는 보편적 어순을 선호하는 경향이 높아졌다. 특히 명시적 학습 집단은 2차 테스트에서 보편적 어순을 선택한 비율이 66.9%로, 1차 테스트에 비해 21.6%가 상승하였다.

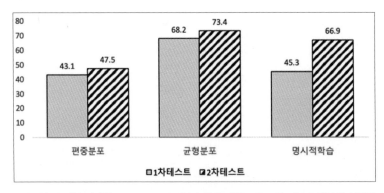

[그림 5] 학습집단별 6, 7, 8, 9번 어순유형에 대한 1차, 2차 테스트에서의 보편적 어순 선택 비율

개별 어순조건들 중에서는 무엇보다 어순조건 7, 8이 1차 테스트와 유사한 선호도 양상을 보였다. 학습조건의 요인효과를 이들 어순조건을 대상으

로 확인해 본 결과 실제 각 차이가 유의미한 것으로 분석되었다(어순 7: $F_{(2)}$=
111.289, p<.01; 어순 8: $F_{(2)}$=81.892, p<.01). Scheffe 방식에 의한 사후검증에서
도 편중분포를 중심으로 한 집단 간 차이가 확인되었다(어순 7, 8에서 모두
p<.01). 명시적 학습 집단은 1차 테스트에 비해 2차 테스트에서 어순조건
7, 8번에서 보편적 어순을 선호하는 비율이 뚜렷하게 높아져 편중분포 집단
과 차이를 보였다.

[표 11] 인공문법 학습과 어순 학습에 참여한 집단의 성취율 변화

	인공문법 학습		어순 학습	
	피험자	성취율(%)	피험자	성취율(%)
성취율 상위집단	1	66	2	52
	2	64	1	54.5
	3	63	4	49.5
	4	62	5	48.5
	5	61	3	50.5
	6	61	18	31.5
	7	60	7	46
	8	59	6	46.9
	9	58	9	44.5
	10	56.8	8	44.5
	평균	61.08	평균	46.84
성취율 하위집단	11	56	10	44.5
	12	55	12	42.5
	13	55	14	40
	14	54	11	43.5
	15	54	19	29.5
	16	53	13	40
	17	52	15	35
	18	51	16	34.5
	19	49	20	28.5
	20	48	17	34.5
	평균	52.7	평균	37.25

편중분포 학습 집단의 피험자들은 인공문법 학습에도 참여하였다. 끝으로 이들 피험자들이 인공문법 학습과 어순 학습에서 보인 성취율 변화를 추적해 보고자 한다. [표 11]은 이들 집단을 성취율 상위집단과 하위집단을 나누어 상호 변화추이를 대조한 것이다. 성취율은 인공문법 실험에서는 규칙 토큰들에 대한 적형판단 비율을, 어순 실험에서는 편중분포 대상이었던 어순유형 6, 7, 8, 9에 대한 어순상응 비율을 가지고 계산하였다. 분석결과에 따르면, 인공문법과 어순 학습에서 상위 10명의 성취율 평균은 각각 61.1%와 46.8%이고, 하위 10명의 평균은 각각 52.7%, 37.3%인 것으로 나타나, 상하위집단의 성취율 변화추이는 유사하였다. 두 가지 학습과제를 수행하는 동안 성취율 상하위 집단 간 구성원 이동이 2명에 그쳐 집단별 동질성에는 큰 변화가 없었던 것으로 보인다. 실제 분산분석을 실시한 결과 집단 간 차이는 통계적으로 유효했다($F(1)=14.967$, $p<.001$).

4.2.5. 결과해석

본 실험은 L2 독일어 학습자들을 대상으로 목적어 어순을 노출하는 방식을 조건화 하여 사후 학습효과를 분석하였다. 앞서 기술한 분석결과에 따르면 간접목적어가 선행하는 보편적 어순 유형에 대한 학습성과는 1, 2차 테스트에서 모두 학습조건에 상관없이 전반적으로 높게 나타났다. 뿐만 아니라 직접목적어가 선행하는 어순유형의 조건에서도 균형분포 집단과 통제 집단은 1, 2차 테스트에서 여전히 보편적 어순을 선호하였다. 이에 비해 편중분포 집단은 직접목적어가 선행하는 어순유형 조건에서 그에 맞게 표현한 비율이 1, 2차 테스트에서 모두 높았던 것으로 분석되었다. 이는 편중분포에 의한 입력강화 방식이 어순학습에 일정한 영향을 미쳤음을 뜻한다. 한편 통제 집단은 1차 테스트에서 편중분포 집단과 유사한 어순표현 양상을 보였고, 2차 테스트에서는 보편적 어순을 선호하는 비율이 상대적으로 늘어났다. 이러한 경향은 명시적 학습 방식이 단기적 측면에서 편중분포 방식과 유사한 효과를 가져왔으나, 장기적 측면에서 그 효과가 그대로 유지되지는 않았던 것을 의미한다.

편중분포 집단의 피험자들은 입력홍수 방식으로 접한 어순조건들 중에 7, 8번에 대해 유독 높은 어순 정확도를 보였다. 나머지 6, 9번 조건의 토큰들도 편중된 방식으로 접하였으나 이들 어순에 대한 정확도는 상대적으로 낮았다. 7, 8번의 경우 명사의 형식적 측면에서 대명사와 명사로 확연히 구분되어 관련어순을 토큰을 통해 주목하고 규칙화하기가 수월했던 것으로 보인다. 이에 비해 6, 9번 조건에서는 두 목적어가 명사 혹은 대명사의 형식으로 동일하게 제시되어 한정성만을 가지고 어순을 결정하는 데 한계가 있었던 것으로 볼 수 있다.

실험에서 2차 테스트는 명사의 한정성에 대한 정보를 제시하지 않음으로써 피험자들이 선호하는 관사의 형식과 그에 따른 어순사용을 관찰해 보고자 하였다. 분석결과에 따르면, 피험자들은 학습방식을 떠나 한정된 정관사와 함께 명사를 표현하는 것을 선호하였다. 이러한 경향은 학습자의 입장에서 정관사가 부정관사에 비해 익숙했거나, 혹은 형태적 측면에서 수월하게 처리된 것에서 기인했을 수 있다. 그밖에 화용적 측면에서 개별 어휘와 함께 주어진 그림이 목적어들의 한정성을 부각시켰을 가능성도 배제할 수 없다. 따라서 1, 4, 7번 어순조건과 같이 특정된 개인 혹은 사물을 정관사로 표현하는 것이 가장 자연스런 언어맥락으로 받아들여졌을 가능성이 있다.

끝으로 본 연구는 인공문법 학습과 독일어어순 학습에 동일한 학습집단을 투입하여 이들의 학습 성취율을 함께 추적하였다. 분석결과에 따르면 인공문법에서의 성취율 상위 집단의 묵시적 학습역량은 어순학습에서도 일정 부분 투영된 것으로 나타났다. 이는 인공언어 학습과 L2 학습의 연계성을 확인해 볼 수 있는 자료로, 입력자극의 강화를 통한 학습촉진이 L2에도 적용될 수 있다는 가능성을 보여준다는 점에서 이해욱(2019), 유덕근(2020) 등의 연구결과와 일정 부분 일치한다. 그러나 본 연구에서 통제집단은 1차 테스트와 2차 테스트에서 편중학습 집단과 비견될 만큼 차별성 있는 학습성과를 보여주었다. 특히 성인 L2 학습자들의 경우 명시적 학습의 상보적 기능을 부정할 수 없다는 일부 연구결과들(예컨대, De Keyser 1998)을 미루어 볼 때 통제집단의 성취율 또한 주목해 볼 가치가 있다.

5. 맺는 말

본 논문은 형태중심의 입력강화 방식을 인공문법과 독일어 어순 학습에 적용하여 학습자들의 묵시적 학습역량을 다룬 경험적 연구결과를 소개하였다. 우선 피험자들의 학습이력을 동질화하고 잠재적인 변인들을 수월하게 통제할 수 있는 인공문법 학습에서 피험자들은 노출빈도에 따라 달라지는 청크강도에 반응하여 토큰들의 규칙성을 판단할 수 있었다. 이러한 경향은 사용빈도에 기반하여 전형을 형성하고 이를 바탕으로 개별 사례들의 범주화를 유추하는 인간의 보편적 인지원리에 상응한다고 볼 수 있다. 독일어 어순 학습에서도 피험자들은 편중된 자극을 통하여 보편적 어순에 역행하는 방식으로 문장을 구성하는 학습능력을 보였다. 이도 역시 편중된 자극의 강화가 어순의 전형을 촉진하고 추상화된 규칙으로서 응용가능성을 높이는 효과를 가져온 것이다.

그러나 본 연구의 인공언어와 자연언어 학습에서 엿볼 수 있었던 형태중심의 묵시적 학습 가능성은 통제된 실험환경에서 복합적인 사용맥락이 제거된 조건에서 확인한 학습자들의 행동반응으로, 실제 L2 학습 및 사용과의 이질성을 완전히 배제할 수 없다. 무엇보다 소통의 수단으로서 외국어 사용의 기회가 극도로 제한된 학습환경에 처해있는 성인학습자의 경우 형태중심의 사용기반 학습을 온전히 실천하기에는 분명 한계가 있다. 이 점에서 언어경험을 통한 자동화 과정을 촉진할 수 있는 보완재로서의 명시적 교수방안을 후속연구에서 모색해 볼 수 있을 것이다. 특이 전통적인 규칙학습에 익숙한 성인학습자 집단의 경우 더욱 그러하다(Spada/Tomita 2010; Goo et al. 2015 참조). 본 연구에서 명시적 학습조건의 통제집단이 단기적 측면에서 편중집단과 유사한 학습성과를 보였다는 점으로도 이러한 절충적 교수학습 방안의 실용적 효율성을 가늠할 수 있다.

형태중심 학습은 무엇보다 실제 사용경험을 강조하는 접근법이다. 그러나 본 연구가 경험적 차원에서 관찰한 독일어 어순의 학습환경은 상황을 표현하는 이미지가 주어졌다 하더라도 어순의 정보구조를 특정할 수 있는 언어의 사전맥락이 충분히 제시되지 않았다. 이로 인해 다층적인 정보를 활용한 어순학습 가능성을 포괄적으로 담아내는 데 분명한 한계가 있다고 볼 수 있다. 그밖에도 본 연구는 피험자들에게 부여한 실험과제의 특성상 피험자들이 생산한 사후 결과물만을 토대로 학습조건의 유의미성을 평가하였다. 그러나 피험자의 학습과정과 지식의 활용을 심층적으로 모니터링하기 위해서는 학습자의 실시간 행동반응을 분석할 수 있는 연구방법론이 후속연구에서는 함께 모색될 필요가 있다.

참고문헌

강동호(2003), Focus on form instructions and L2 learners' instructional preferences, 외국어교육 10, 57-82.

구광진/김동규(2009), The effects of 'focus on form' instruction on elementary school students' English listening and reading proficiency, 영어교육연구 21(3), 165-182.

김명진/이상기(2019), 교수 명시성 정도와 영어 능숙도 수준이 중학교 영어 학습자의 연어 학습에 미치는 영향, The SNU Journal of Education Research 28(3), 21-43.

김승준/김갑수(2012), 형태초점교수법 기반 초등학교 영어 단어 학습 스마트폰 어플리케이션 설계 및 구현, 정보교육학회논문지 16(2), 223-231.

김옥선(2006), 학습자문법과 독일어 교육에서 이의 실현 방안: 형태초점 교수방법을 중심으로, 독일어문학 14(2), 225-245.

김지훈/김정렬(2019), 형태초점 영어수업의 암시적 및 명시적 기법의 효과 비교를 위한 메타분석, 교원교육 35(2), 73-96.

류란/황선유(2009), 명시적 영어문법 지도가 문법성판단시험과 학습전략에 미치는 효과, 현대영어교육 10(3), 174-193.

서영미(2013), 명시적 설명 및 참여 학습 기반 영문법 수업에 관한 학습자 인식 연구, 언어과학 20(3), 55-73.

송희심(2011), 명시적 설명 및 참여적 학습 활동을 활용한 대학 영문법 수업의 효과에 관한 연구, 외국어교육 18(3), 133-156.

유덕근(2020), 인공언어와 독일어의 묵시적 학습 연구, 독일어문학 88, 233-262.

이해욱(2019), 입력 빈도 분포 유형이 독일어 문법 학습에 미치는 영향: 독일어 현재완료 구문과 부가어적 형용사 구문을 중심으로, 독어학 39, 115-140.

조윤경(2019), 형태초점 교수법의 명시성, 언어형태의 난이도 및 사전지식 수준이 언어형태 학습에 미치는 영향, 언어과학 26(1), 201-220.

최다인/이미영(2018), 명시적 문법 교육의 유용성과 교수방안: Concept-Based 교수법을 활용한 독일어의 격(Kasus)교수를 예시로, 독어교육 72, 53-72.

Aguado, K.(2014), "Kannst du mal eben...?"⁻ Chunks als zentrale Merkmale eines kompetenten Sprachgebrauchs und Empfehlungen für ihre Behandlung im Fremdsprachenunterricht. In: Magazin/Extra 1, 5⁻9.

Alanen, R.(1995), Inputenhancement and rule presentation in second language acquisition. In: R. Schmidt(Hrsg.): Attention and awareness in foreign language learning and teaching, Honolulu: University of Hawai'i Press, 259⁻302.

Appel, R./Wood, D.(2016), Recurrent word combinations in EAP test⁻taker writing: Differences between high⁻ and low⁻ proficiency levels. In: Language Assessment Quarterly 13(1), 55⁻71.

Arnon, I./Snider, N.(2010), More than words: Frequency effects for multi⁻word phrases. In: Journal of Memory and Language 62(1), 67⁻82.

Baddeley, A./Eysenck, M. W./Anderson, M. C.(2009), Memory. Psychology Press.

Barkowski, H./Grommes, P./Lex, B./Vicente, S./Wallner, F./Winzer⁻Kiontke, B.(2014), Deutsch als fremde Sprache (Deutsch Lehren Lernen 3). München.

Bod, R.(2009), From exemplar to grammar: A probabilistic analogy⁻based model of language learning. In: Cognitive Science 33, 752⁻793.

Bolinger, D.(1976), Meaning and memory. In: Forum Linguisticum 7(1), 1⁻14.

Bybee, J.(2006), From usage to grammar: The mind's response to repetition. Language 82, 711⁻733.

Bybee, J./Moder, C. L.(1983), Morphological classes as natural categories. In: Language 59. 251⁻270.

Casenhiser, D./Goldberg, A.(2005), Fast mapping between a phrasal form and meaning. In: Developmental Science 8(6), 500⁻508.

Conway, C. M./Karpicke, J./Pisoni, D. B.(2007), Contribution ofimplicit sequence learning to spoken language processing: Some preliminary findings with hearing adults. In: Journal of Deaf Studies and Deaf Education 12, 317⁻334.

DeKeyser, R. (1998), Beyond focus on form: Cognitive perspectives on learning and practicing second language grammar. In: C. J. Doughty & J. Williams (Hrsg.): Focus on form in classroom second language acquisition, Cambridge, UK: Cambridge University Press, 42⁻63.

Della Putta, P.(2016), The effects of Textual Enhancement on the acquisition of two non-parallel grammatical features by Spanish-speaking learners of Italian. In: Studies in Second Language Acquisition 38(2), 217-238.

Dreyer, H./Schmitt, R.(2008), Lehr- und Übungsbuch der deutschen Grammatik. Ismaning: Max Hueber Verlag.

Dürscheid, C.(2007), Syntax: Grundlagen und Theorien. Göttingen u.a.: Vandenhoeck & Ruprecht.

Eisenberg, P.(2004), Der Satz - Grundriß der deutschen Grammatik. Stuttgart/ Weimar: J. B. Metzler.

Ellis, R.(2016), Focus on form: A critical review. In: Language Teaching Research 20, 405-428.

Ellis, R./Basturkmen, H./Loewen, S.(2002), Doing focus on form. In: System 30, 419-432.

Ettlinger, M./Johnson, K.(2010), Vowel discrimination by English, French, and Turkish speakers: evidence for an exemplar-based approach to speech perception. In: Phonetica 66, 222-242.

Ettlinger, M./Morgan-Short, K./Faretta-Stutenberg, M./Wong, P. C. M.(2016), The relation- ship between artificial and second language learning. In: Cognitive Science, 40 822-847.

Forkstam, C./Petersson, K. M.(2005), Towards an explicit account of implicit learning. In: Current Opinion in Neurology 18(4), 435-441.

Goldberg, A. E.(2006), Constructions at work: The nature of generalization in language. Oxford: Oxford University Press.

Goldberg, A. E./Casenhiser, D. M./White, T. R.(2008), Constructions as categories of language. In: New Ideas in Psychology 25(2), 70-86.

Goldberg, A./Casenhiser, D./Sethuraman, N.(2004), Learning argument structure generalizations. In: Cognitive Linguistics 15, 289-316.

Gorrell, P.(2000), The Subject-Before-Object Preference in German Clauses. In: B. Hemforth/L. Konieczny(Hrsg.): German Sentence Processing, Springer-Science+ Business Media, B.V., 25-64.

Han, Z./Park, E. S./Combs, C.(2008), Textual enhancement of input: Issues and possibilities. In: Applied Linguistics 29(4), 597-618.

Hwang, J. B.(2001), Focus on Form and the L2 Learning of English Unaccusative Verbs. 영어교육 56(3), 111-133.

Izumi, S.(2002), Output, input enhancement and the noticing hypothesis: An experimental study on ESL relativization. In: Studies in Second Language Acquisition 19(2), 541-577.

Janetzko, D.(1996), Analogie. In: G. Strube(Hrsg.): Wörterbuch der Kognitionswissenschaft. Stuttgart: Klett-Cotta, 26-27.

Johnson, K.(1997), Speech perception without speaker normalization. An exemplar model. In: K. Johnson/J. W. Mullennix(Hrsg.): Talker variability in speech processing, San Diego: Academic Press, 145-165.

Kim, Y.(2006), Effects of input elaboration on vocabulary acquisition through reading by Korean learners of English as a foreign language. In: TESOL Quarterly 40(2), 341-373.

Kleiber, G.(1993), Prototypensemantik: Eine Einführung. Tübingen: Narr.

Knowlton, B. J./Squire, L. R.(1994), The information acquiredduring artificial grammar learning. In: Journal of Experimental Psychology: Learning, Memory, and Cognition 20, 79-91.

Knowlton, B. J./Squire, L. R.(1996), Artificial grammar learning depends on implicit acquisition of both abstract and exemplar-specific information. In: Journal of Experimental Psychology: Learning, Memory, and Cognition 22(1), 169-181.

Lee, S. K.(2008), Salience, Frequency, and Aptitude in the Learning of Unaccusativity in a Second Language: An Input Enhancement Study. Unpublished doctoral dissertation, University of Hawaii at Manoa, Honolulu.

Lelekov-Boissard, T./Dominey, P. F.(2002), Human brain potentialsreveal similar processing of non-linguistic abstract structure and linguis-tic syntactic structure. In: Clinical Neurophysiology 32, 72-84.

Lenerz, J.(1977), Zur Abfolge nominaler Satzglieder im Deutschen. Tubingen: Narr.

Leow, R./Egi, T./Nuevo, A./Tsai, Y.(2003), The roles of textual enhancement and type oflinguistic item in adult L2 learners'comprehension and intake in second language acquisition. In: Applied Language Learning 13(2), 1-16.

Long, M.(1988), Instructed interlanguage development. In: Beebe, L.(Hrsg.): Issues in second language acquisition: Multiple perspectives. Rowley, MA: Newbury House, 115-141.

Long, M.(1991), Focus on form: A design feature in language teaching methodology. In: K. de Bot/R. Ginsberg/C. Kramsch(Hrsg.), Foreign language research in cross-cultural perspective. Amsterdam: John Benjamins, 39-52.

Pittner, P./Berman, J.(2015), Deutsche Syntax: Ein Arbeitsbuch. Tübingen: Narr.

McDonough, K./Nekrasova-Becker, T.(2014), Comparing the effect of skewed and balanced input on English as a foreign language learners' comprehension of the double-object dative construction. Applied Psycholinguistics 35, 419-442.

McDonough, K./Trofimovich, P.(2013), Learning a novel pattern through balancedand skewed input. In: Bilingualism: Language and Cognition 16, 654-662.

Madlener, K.(2015): Frequency effects in instructed second language acquisition. Berlin/Boston: de Gruyter.

Meulemans, T./Van der Linden, M.(2002), Artificial grammar learning and amnesia. In: B. French/A. Cleeremans(Hrsg.), Implicit learning and Consciousness. An empirical, philosophical, and computational consensus in the making. Hove: Psychology Press, 144-163.

Nakamura, D. (2012), Input skewedness, consistency, and order of frequent verbs in frequency-driven second language construction learning: A replica-tion and extension of Casenhiser and Goldberg (2005) to adult second language acquisition. In: International Review of Applied Linguistics, 50, 31-67.

Nattinger, J. R./DeCarrico, J. S.(1992), Lexical phrases and language teaching. Oxford, UK: Oxford University Press.

Pawley, A., Syder/F. H.(1983), Two puzzles for linguistic theory: Nativelike selection and nativelike fluency. In: J. C. Richards, & R. W. Schmidt (Eds.), Language and communication, New York: Longman, 191-226.

Pierrehumbert, J. B.(2001), Exemplar dynamics: Word frequency, lenition and contrast. In: J. Bybee/P. Hopper(Hrsg.), Frequency and the emergence of linguistic structure, Amsterdam: John Benjamins, 137-158.

Reber, A. S.(1967), Implicit learning of artificial grammars. In: Journal of Verbal

Learning and Verbal Behavior 6(6), 855‒863.

Rosch, E.(1975), Cognitive reference points. In: Cognitive Psychology 7, 532‒547.

Schlesewsky, M./Fanselow, G./Kliegl, R./Krems, J.(2000), The Subject Preference in the Processing of Locality Ambiguous WH‒Question in German. In: B. Hemforth/L. Konieczny(Hrsg.): German Sentence Processing, Springer‒Science+Business Media, B.V., 65‒94.

Schmidt, R. W.(1990), The role of consciousness in second language learning. In: Applied Linguistics 11, 129‒158.

Serrano, R./Stengers, H./Housen, A. (2015), Acquisition of formulaic sequences in intensive and regular EFL programmes. In: Language Teaching Research 19, 89‒106.

Sharwood Smith, M.(1991), Speaking to many minds: On the relevance of different types of language information for the L2 learner. In: Second Language Research 7, 118‒132.

Shook, D. J.(1994), Reading, grammatical information, and the input‒to‒intake phenomenon. In: Applied Language Learning 5, 57‒93.

Silva, S./Inacio, F./Folia, V./P. K. M.(2017), Eye Movements in Implicit Artificial Grammar Learning. Journal of Experimental Psychology ‒ Learning, Memory, and Cognition 43(9), 1387‒1402.

Stadler, M. A./Frensch, P. A.(1998), Handbook of implicit learning. Sage: Thousand Oaks.

Svalberg, A.(2007), Language awareness and language learning. In: Language Teaching 40(4), 287‒308.

Taylor, J. R.(2002), The Mental Corpus. How Language Is Represented in the Mind. Oxford: Oxford University Press.

Tomasello, M.(2003), Constructing a Language. A usage‒based approach. Cambridge: Harvard University Press.

Van den Bos, E./Poletiek, F. H.(2008), Intentional artificial grammar learning: When does it work? In: European Journal of Cognitive Psychology 20(4), 793‒806.

Webb, S./Newton, J./Chang, A.(2013), Incidental learning of collocation. Language

Learning 63(1), 91-120.

White, J.(1998), Getting the learner's attention. A typographical input enhancement study. In: C. Doughty/J. Williams(Hrsg.): Focus on form in classroom second language acquisition, Cambridge, United Kingdom: Cambridge University Press, 85-114.

Wong, W.(2005), Input enhancement: From theory and research to the classroom. New York, NY: McGraw Hill.

Yang, M.(2004), A comparison of the efficacy between input-based instruction and output-based instruction in focus on form. 영어교육 59(2), 145-164.

Year, J./Gordon, P.(2009), Korean speakers' acquisition of the English ditransitive construction: The role of verb prototype, input distribution, and frequency. Modern Language Journal 93, 399-417.

Yeo, K.(2002), The differential effects of 'focus on form' tasks on two different grammatical forms of English. 현대문법연구 30, 227-255.

Zimmerer, V. C./Cowell, P. E./Varley, R. A.(2014), Artificial grammar learning in individuals with severe aphasia. Neuropsychologia 53, 25-38.

저자 소개 (논문 게재 순)

김형민

오스트리아 잘츠부르크(Salzburg)대학교 철학박사

숭실대학교 독어독문학과 교수

(현재) 서강대학교 유럽문화학과 교수

황화상

고려대학교 국어국문학과 문학박사

고려대학교 민족문화연구원 기계번역연구실 연구조교수, 창원대학교 부교수

(현재) 서강대학교 국어국문학과 교수

송상헌

미국 워싱턴대학교(University of Washington) 언어학 박사

싱가포르 난양이공대학(NTU) Research Fellow, 인천대학교 영어영문학과 조교수

(현재) 고려대학교 언어학과 부교수

김한샘

연세대학교 언어정보학 전공 문학박사

국립국어원 학예연구관, 연세대학교 교육대학원 겸임교수

(현재) 연세대학교 언어정보연구원 부교수

홍정하

고려대학교 언어학과 전산언어학 전공 박사
고려대학교 민족문화연구원 HK 연구교수
(현재) 서강대학교 국제지역문화원 연구교수

강병규

중국 북경대학 전산언어학연구소 이학박사
서울시립대 중국어문화학과 조교수
(현재) 서강대학교 중국문화학과 교수

박민준

중국 북경대학교 중어중문학 박사
북경대학교 한어연구센터(CCL) 연구원, 연세대학교 중국연구원 객원연구원
(현재) 덕성여자대학교 중어중문학전공 조교수

유덕근

독일 빌레펠트(Bielefeld) 대학교 언어학 박사
(현재) 한국외국어대학교 독일어과 교수, 한국외국어대학교 FLEX 센터장

제4차 산업혁명 시대의 언어 연구

초판 1쇄 인쇄 2022년 4월 12일
초판 1쇄 발행 2022년 4월 20일

지은이 김형민 황화상 송상헌 김한샘 홍정하 강병규 박민준 유덕근
펴낸이 이대현
책임편집 강윤경 | **편집** 이태곤 권분옥 문선희 임애정
디자인 안혜진 최선주 이경진 | **마케팅** 박태훈 안현진
펴낸곳 도서출판 역락 | **등록** 1999년 4월 19일 제303-2002-000014호
주소 서울시 서초구 동광로46길 6-6 문창빌딩 2층(우06589)
전화 02-3409-2060(편집부), 2058(영업부) | **팩스** 02-3409-2059
전자우편 youkrack@hanmail.net | **홈페이지** www.youkrackbooks.com

ISBN 979-11-6742-343-6 94700
　　　 979-11-85530-81-9 (세트)